致 读 者

秀强股份成功的因素是多方面的，其中秀强文化最具特色。本书介绍秀强文化发展的三个阶段、两次升华聚焦，重点解析了秀强文化的独创部分——钻石经营模式。

本书对秀强股份的科技发展和组织成长等背景性资料做了简要说明，可帮助读者了解立体的秀强，更好体味秀强独特的文化。

他山之石，可以攻玉。钻石经营模式是一席盛宴，期待读者有所体悟，有所收获，有所借鉴！

秀强股份创始人　卢秀强

研发大楼

零碳小屋

百米文化长廊

孝善家文化

员工培训

员工退休仪式

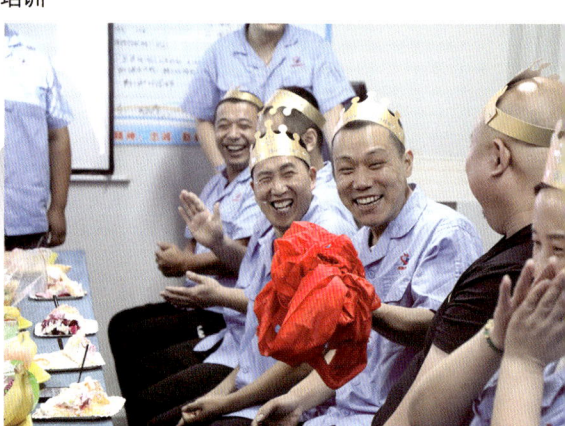

员工生日会

员工义工服务

员工篮球赛

幸福农场实践体验

员工拔河比赛

秀强文化整体系统

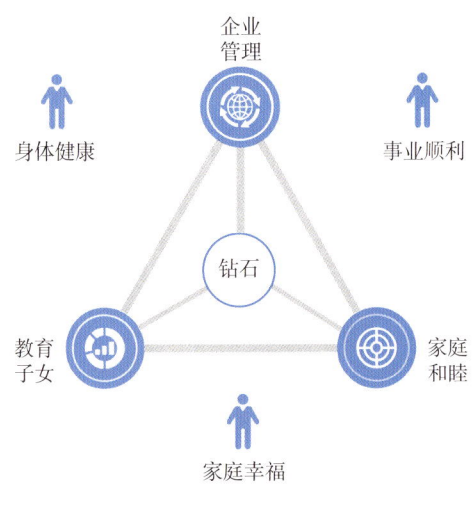

秀强文化整体系统

　　植根于内心的修养；无须提醒的自觉；以约束为前提的自由；为别人着想的善良。

——梁晓声

优秀文化育人，科学管理做事。

——卢秀强

秀强文化创新——钻石经营模式

一、组织层面——理念与管理创新

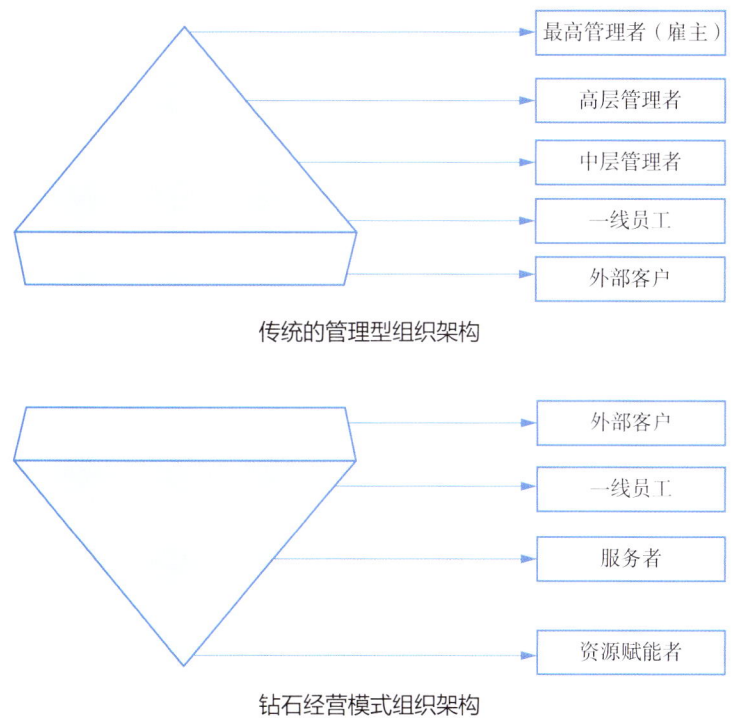

传统的管理型组织架构是金字塔式的架构，管理者在最上面，通过发号施令来管理；秀强股份的钻石经营模式组织架构是倒三角形架构，客户在最上面，是以客户（含内外部客户）为中心、以市场为导向的协同架构。

二、实践层面——幸福经营知行合一

| 一个中心：
以客户为中心 | 一个转变：
管理→服务 | 三个抓手：
薪酬绩效
有温度关怀
未来有希望 | 六项工作：
生产方式（产品不落地、智能制造）
打造工匠精神
订单管理
降本增效
质量管理
设备管理 | 五个目标：
安全生产
质量稳定
成本最优
产值100万元
员工满意度 |

  钻石的美丽和稀有使其拥有很高的经济价值，钻石坚硬与耐久的特性使它被赋予永恒的意义。秀强股份实施的钻石经营模式不仅使企业在经营层面改进了管理模式，取得骄人的业绩；也在精神层面提升了员工的幸福感和企业的凝聚力，使企业得以持久发展。

中国式企业经营管理典范

秀强股份
钻石经营模式

卢秀强◎主编
朱明晓　赵庆忠　高雷◎副主编

中国经济出版社
CHINA ECONOMIC PUBLISHING HOUSE
·北京·

图书在版编目（CIP）数据

秀强股份钻石经营模式/卢秀强主编. -- 北京：中国经济出版社，2024.3
ISBN 978-7-5136-7663-2

Ⅰ.①秀… Ⅱ.①卢… Ⅲ.①玻璃-化学工业-工业企业-经营管理-江苏 Ⅳ.① F426.7

中国国家版本馆CIP数据核字（2024）第046631号

责任编辑　贾轶杰
责任印制　马小宾
封面设计　任燕飞

出版发行	中国经济出版社
印刷者	天津嘉恒印务有限公司
经销者	各地新华书店
开　　本	710mm×1000mm　1/16
插页印张	0.5
印　　张	14
字　　数	200千字
版　　次	2024年3月第1版
印　　次	2024年3月第1次
定　　价	60.00元

广告经营许可证　京西工商广字第8179号

中国经济出版社 网址 http://epc.sinopec.com/epc/　社址 北京市东城区安定门外大街58号　邮编 100011
本版图书如存在印装质量问题，请与本社销售中心联系调换（联系电话：010-57512564）

版权所有　盗版必究（举报电话：010-57512600）
国家版权局反盗版举报中心（举报电话：12390）　服务热线：010-57512564

主　编：卢秀强

副主编：朱明晓　赵庆忠　高　雷

编　委：杨雪峰　谭东一　袁　方　林汉祥　丁珊珊

序 1

世界级的经营学稻盛和夫，中国式经营不妨学学秀强！

这句话不是对秀强股份的虚夸。

如果你参观过他们的企业，一定会深有感触；如果你了解客户对秀强的评价，一定会赞赏有加；如果你采访一下他们的员工，一定会感到震撼！

秀强股份的成功，可谓"秀"外慧中、"强"本节用。秀强股份在经营管理上称得上也称得起"秀"，独特的钻石经营法享誉业界；秀强股份的市场占有率非常高，行业地位上无愧于"强"。秀强股份既是科学管理的标杆，又是文化经营的典范。

作为一位土生土长的草根民族企业家，创始人卢秀强带领他的员工，白手起家，创建了秀强股份——一个两千元起家的小门店，二十年后成长为当地第一家上市的民营企业，成为中国最大的家电玻璃制造商之一，被评定为"国家级高新技术企业""江苏省百强民营科技企业"。

秀强股份的行业地位是毋庸置疑的，但卢秀强更看重的是员工的幸福与成长。企业所倡导的孝善文化对员工、组织、家庭，甚至对社会都产生了深远的影响。在秀强，产品富有竞争力，组织效能行业领先，同事之间利他协作，员工在单位爱岗敬业，对家庭细心经营，家庭和谐美满。近几年，两个国家级课题都把秀强股份作为研究的典型案例：中央党校国家行政学院"幸福文明企业建设体系和推广模式"（2019年6月）和北师大中国社会研究院"孝善文化与幸福社会"（2019年7月）。

秀强的企业文化汇报会是每月9号召开，被大家称为"9号会议"，形式上与其他企业召开的月度经营分析会差不多，但各部门汇报工作都紧紧围绕企业文化进行，因为企业文化是秀强各项工作的统领！

文化的力量，体现在秀强的组织建设、产品创新、精益改善、人才培养等各个方面，公司取得极大的经济效益和社会效益，真正让员工幸福、客户幸福、股东幸福、社会幸福！

秀强股份在创业期也曾遭遇迷茫、彷徨、挫折，发展期在粗放管理中野蛮成长。2008年以来，深入落地企业文化，促进了企业良性、持续发展。

秀强创业之初，经营班子里没有人系统学习过管理理论，都是在摸索中前行，经历无数次的痛苦洗礼，开启了文化寻根之路，方才找到立企之根，成就百年企业之道，也就是"弘扬与践行中华优秀传统文化"，发扬"厚德载物，自强不息"的精神，秉承"一生不为钱活，一生不为自己活"的价值理念，以"优秀文化育人，科学管理做事"为主旨，将中华优秀传统文化与西方科学管理完美融合，构建"孝善幸福家"文化体系，成就"世界玻璃科技看中国，中国玻璃科技看秀强"的宏伟愿景。

当文化和科学成为经营企业双引擎之后，企业成长不再是神秘的"渐悟"理论，而是企业良性发展、持续经营的必由之路。

特别强调的是，秀强股份独创的钻石经营模式，变革传统的管理架构为主动参与的经营架构，符合组织进化的趋势，在践行传统文化中做到知行合一，是以人为本理念下的组织创新的标杆。

本书从"企业科学经营和文化育人"的角度，全貌呈现秀强文化建设的几次迭代和跃迁，重点解析了秀强独创的钻石经营模式。通篇毫无保留，也毫无粉饰，将真实的秀强文化展示给大家，期待读者从中体悟到中国式经营的真谛。

欣然接受邀约为序。

凌文

2024年1月

（凌文　中国工程院院士，现任山东省政府党组成员，山东省科协主席，世界工程组织联合会执行委员会委员、工程与环境委员会主席，中国企业联合会管理咨询工作委员会主任。中共十九大代表，十三届全国政协委员，全国劳动模范。）

序2　走进秀强

走进江苏秀强玻璃工艺股份有限公司厂区，我看到了崇孝园、家风家训园、新时代文明大讲堂、秀强幸福小院、秀强家宴养生堂、玻璃科技大观园、"十大孝子"和"十大好媳妇"展牌、感恩亭、思过墙等，好像走进了文化园，没错，就是文化园。人们不禁要问：这是企业吗？如果是，搞文化园干什么？它和生产玻璃有什么关系？是不是企业做大了，利润丰厚了，给职工提供一些休闲的场所？当我听完相关负责人的介绍，当我与卢秀强进行了交谈，特别是当我看了《秀强股份钻石经营模式》后，我不仅找到了答案，还受到了极大的心灵震撼。

江苏秀强玻璃工艺股份有限公司是由一个小玻璃作坊起家的，起步的艰难、遭受的挫折是常人难以想象的，但这些都没有难倒卢秀强创业的决心和创业的步伐。企业的规模越做越大，企业的员工数量越来越多，卢秀强发现员工的素质却不尽如人意，作风懒散的，因家庭关系不和睦工作情绪低落的，小偷小摸的，甚至打架斗殴的，这些都严重影响企业的生产和发展。卢秀强意识到企业的发展、高科技的应用需要高素质的员工，这和员工素质的低下状况形成了尖锐的矛盾。怎么办？这是摆在卢秀强面前必须解决的问题。

卢秀强坚信：有了高素质的人，什么都能干好。但是，高素质员工不是天上掉下来的，面对现实必须自己培养。怎么培养？用中华优秀文化育人。卢秀强深知中华优秀文化具有极大的凝聚力、感召力、威慑力。传统文化博大精深，从哪里入手？抓住核心伦理道德。伦理道德有诸多信条，其中，忠、孝、廉、耻、勇、仁、义、礼、智、信，被称为"中华十德",这是"纲"。卢秀强就从其中的"孝"入手,把"孝"作为重点、突破点,并延伸到忠、廉、耻、勇、仁、义、礼、智、信,采取了一系列行之有效的措施,使全公司员工的整体素质得到了迅速提高。

如今的秀强公司员工无论人格风貌,还是敬业精神,早已经今非昔比,企业也早已声名显赫。弘扬中华优秀文化,以文化人,已经成为秀强公司成长、发展、成功可以借鉴的一大特色经验。

我不懂企业管理,但看了《秀强股份钻石经营模式》,不仅看懂了,似乎也知道了秀强企业成功之道的奥秘,我坚信秀强企业的未来会更优秀、更强大。

孙学策
2023 年 11 月 7 日

(孙学策 德育专家、教育部基础教育司德育处原处长、《中华十德》作者。)

目录

第一章 秀强文化的起源与发展

第一节　秀强文化的缘起　　　　　　　　003
一、野蛮成长背后的窘境　　　　　　　　003
二、决心导入企业文化　　　　　　　　　004

第二节　秀强文化的概述　　　　　　　　006
一、秀强股份理念系统　　　　　　　　　006
二、秀强文化的精神层　　　　　　　　　008
三、秀强文化的行为层　　　　　　　　　009
四、秀强文化的创新层　　　　　　　　　012

第三节　秀强文化的发展　　　　　　　　014
一、秀强文化1.0——优秀文化底色　　　014
二、秀强文化2.0——孝善文化　　　　　019
三、秀强文化3.0——钻石经营模式　　　023

第二章 钻石经营模式的成型、落地与推广

第一节 秀强文化的结晶：钻石经营模式 031
一、由金字塔形转变为钻石经营模式组织架构 031
二、家庭小组自主经营模式 033
三、钻石经营模式的创新探索 033

第二节 钻石经营模式的理念 035
一、员工也是客户，一切围绕客户 035
二、钻石经营模式实现途径 037
三、钻石经营模式的六大特色 043

第三节 钻石经营模式的落地 050
一、钻石经营模式推行基础 050
二、思想意识转变——组织架构与岗位职责变化 051
三、家庭组的成立 054
四、目标分解 058

第四节 钻石经营模式的推广 061
一、钻石经营模式的探索与形成 061
二、钻石经营模式的初步推广 061
三、钻石经营模式的全分厂推广 062

目录

第五节　钻石经营模式的收获感悟　063
　一、让员工看到了希望，让家人有归属感　063
　二、最大的利他就是利己　066
　三、问题即是改善点，是努力的方向　072
　四、秀强像海，海纳百川　079
　五、有温度的关怀和服务　083

第三章　做有文化的"秀强人"

第一节　优秀文化育人　089
　一、以人为本　089
　二、和谐共赢　091
　三、诚信与廉洁　091
　四、学习与创新　091
　五、稳健与持久　091
　六、伦理价值观　093
　七、和谐与平衡　093
　八、家族价值观　093
　九、尊重权威和长辈　093
　十、重视人际关系和社会责任　094

第二节　孝善文化入人心　096
　一、学习孝善文化　096
　二、践行孝善文化　097
　三、奖励福利　097

第四章　企业经营核心KPI：员工幸福

第一节　秀强幸福人际关系　　107
一、对上要敬　　107
二、对下要慈　　108
三、对人要和　　108
四、对事要真　　109

第二节　先义后利，以义制利　　110

第三节　变企业为课堂，育灵魂于无形　　112

第四节　员工培训增强企业凝聚力和向心力　　114
一、在破冰游戏中共同组建团队　　114
二、授课培训：如何平衡工作和家庭的关系　　116
三、文化熏陶：你所了解的公司文化　　117
四、团队凝聚：集体力量和个人努力的重要性　　118

第五节　员工幸福是企业持续发展的动力　　120
一、营造健康、和谐的工作环境　　121
二、有温度的关怀项目　　122
三、推行"未来有希望"项目　　122
四、员工培训助力其实现人生价值　　123

第五章 秀强文化实践英雄谱

第一节　优秀的传统文化改变了我的人生　141

第二节　导入文化就是为了承担社会责任　147

第三节　钻石经营模式的力量　151

第四节　传统文化在工作和生活中的应用　156

第五节　家庭和睦才能更好地工作　161

第六节　大爱的领导，孝善的秀强人　167

第七节　荣誉背后的默默坚守　169

第八节　见义勇为的担当　171

第九节　暖心的层架车　174

附录

附录1　秀强文化基本法则　176

一、企业管理　176

二、人生哲理　178

三、家庭和睦　179

四、教育子女　180

附录2　科技和文化双轮驱动　182
一、秀强创业故事　182
二、秀强的科技创新　189
三、周边注塑，第一桶金　191
四、彩晶玻璃，秀强腾飞　193
五、光伏玻璃，成功上市　195
六、百花齐放，持续领先　195

附录3　秀强服务客户理念：施恩和报恩　200
一、我们的工资是客户给的　200
二、日本市场的开拓　201
三、顶尖客户带领前行　204
四、"大篷车"走进客户　207

附录4　秀强之歌　209

第一章 秀强文化的起源与发展

第一节　秀强文化的缘起

企业文化是企业持续成长的关键。秀强文化建设这门课，拥有自己的独特文化，把秀强文化的精髓深深烙在每个员工的心里，只有真正做到"内化于心、固化于制、外化于行"，才能使秀强文化真正落地生根、开花结果，最终实现秀强的战略目标。

一、野蛮成长背后的窘境

企业文化被很多人戏称为"老板文化"。特别是民营企业在对企业文化的认知上先天营养不良，在早期文化建设中受企业内外因素的困扰和局限，他们在企业文化的建设方面走入了误区。

秀强股份也不例外。在公司野蛮生长期（2002—2008），利润、增长速度、人才、成本、竞争力成为企业关注的核心要素。企业文化建设既不能产生利润，又不能代替管理者完成业绩，被普遍认为是务虚的事情。因此，很多管理者以各种理由或借口逃避企业文化建设的活动，更不会觉得企业文化建设是专业管理不可或缺的部分。

秀强文化在野蛮生长期的特点是"人管人+狼性文化（打骂）+恨铁不成钢盼他快成长"（如图 1-1 所示）。员工经常有这样的抱怨：领导嘴上说一套，实际做一套。嘴上说希望变革或改进，但是他们自己却不能用行动兑现；总是告诫员工应当如何去做，自己的行为却大相径庭。

2008年前后，公司虽然取得了不错的经济效益，但厂里厂外常出现打架斗殴、小偷小摸现象，员工离婚率居高不下，在家不孝亲、不敬老的现象也层出不穷。

秀强文化在野蛮生长期，忽视了企业文化建设的真正目的和意义，使企业文化建设陷入了"轰轰烈烈走形式、扎扎实实走过场"的窘境。

图 1-1　秀强文化的生长期特点

二、决心导入企业文化

当企业进入稳步发展期，秀强股份不仅关注企业财务表现，更关注企业文化的融合和认同。

对于秀强股份这样一家大型企业来说，企业文化管理水平的高低无疑是企业是否可持续发展、能否基业长青的重要标志和保证。秀强股份是否有一个科学的企业文化管理体系，已成为企业能否在自我成长中突破管理瓶颈，在外部竞争如此激烈的市场中生存的决定性因素。

企业要建立起一套科学的企业文化管理体系，关键因素之一是企业最高决策者的意愿和决心。企业的最高决策者不仅需要具备出色的商业洞察力和管理能力，还需要对企业文化建设有深刻的认识和坚定的信念。

秀强股份倡导"优秀文化育人，科学管理做事"的理念，表明公司高层对企业文化建设的高度重视。通过不断加强企业文化建设，秀强股份不仅提升了员工的归属感和自豪感,增强了企业的凝聚力和竞争力,还提高了公司的社会声誉和品牌价值,为公司的长远发展奠定了坚实的基础。

仁者爱人

第二节 秀强文化的概述

秀强文化是指秀强股份所倡导和践行的价值观、行为准则以及组织文化。秀强文化以"忠诚、勤奋、创新、激情"为核心价值观,以"孝善幸福家文化"为核心精神,塑造了其独特的风格。

秀强文化的核心价值观和行为准则贯穿组织各个层面和业务领域,为秀强员工提供了明确的行为指引和价值追求。这种企业文化使秀强股份成为中国著名的深加工玻璃制造商之一,并在竞争激烈的市场中保持持续的创新和发展。

一、秀强股份理念系统

秀强股份理念系统是企业文化建设体系的核心和基础。企业理念反映企业的价值追求、文化素养和社会责任,是企业文化的灵魂。公司企业文化理念体系构架包括使命、愿景、价值观和经营理念等内容,是企业意识形态的总和。秀强股份理念系统蕴含着巨大的能量,也是促使企业基业长青、永续经营的一股重要力量(如图1-2所示)。

第一,企业使命。使命是企业存在的根本。秀强股份(以下简称秀强)的使命是"让我们共同体验发展新技术、新材料造福人类的快乐"。秀强的使命是企业全体成员应始终如一肩负与履行的任务,通过建立伟大的使命系统,使全体员工为强大而高尚的使命感所驱动,紧密围绕组织目标而奋斗。

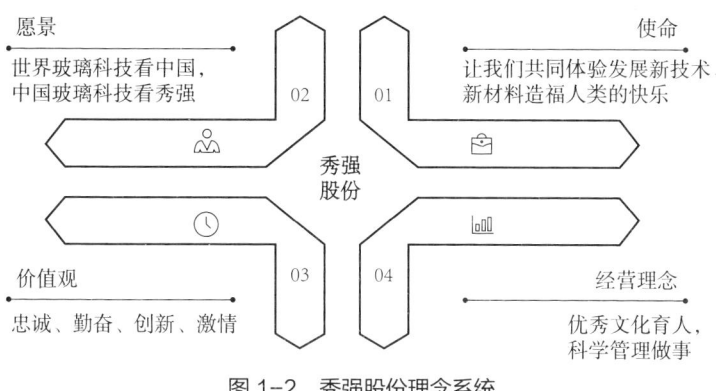

图1-2 秀强股份理念系统

第二，企业愿景。愿景明确了企业的未来状态和目标，它能够激发人们的斗志和动力。秀强的愿景是"世界玻璃科技看中国，中国玻璃科技看秀强"。秀强文化所树立起来的企业愿景为全体员工设定了一个宏伟的、有挑战性但可实现的奋斗目标。秀强的愿景是企业全体成员在未来相当长时期内甘愿为之奋斗的目标，是方向，是更美好的图景。它必须富有前瞻性、挑战性，而又必须是宏伟的，既需要员工们努力奋斗又具备可操作性，同时是激励人心的，有"气吞山河"的高度。

第三，价值观。价值观明确了企业所崇尚和遵循的理念，它能够塑造人们的行为和决策方式。要成为高瞻远瞩、可以面对各种挑战、持续经营的幸福企业，最重要的一点，就是明确企业文化核心理念，树立在任何情况下不可动摇的价值观。秀强的价值观是"忠诚、勤奋、创新、激情"。秀强通过这些价值观，达到引导、调节、激励员工行为的目的，使员工的工作行为、职业行为满足企业发展和参与外部竞争的客观需求。员工的个人价值观与企业文化所倡导的价值观是否一致，将直接影响员工对企业文化认同程度的高低，影响员工对企业规章制度遵从意愿的强弱，影响员工对企业所倡导的行为规范和行为约束的自觉性、自律性的程度。

第四，经营理念。秀强股份的经营理念是"优秀文化育人，科学管理做事"。这个经营理念是追求企业绩效的根据,是价值观与正确经营行为的确认,在此基础上形成企业基本设想与科技优势、发展方向、共同信念和企业追求的经营目标。

秀强经营理念是系统的、根本的管理思想。经营理念决定企业的经营方向,和使命、愿景一样是秀强发展的基石。

二、秀强文化的精神层

秀强文化的精神层是用以指导秀强股份开展生产经营活动的各种行为规范、群体意识和价值观念,是以秀强企业精神文化为核心的价值体系。集中体现秀强股份独特的、鲜明的经营思想和个性风格,反映着秀强股份的信念和追求。

百米文化长廊

秀强文化的精神层包含以下几个方面的内容:

(1)企业文化主旨:优秀文化育人,科学管理做事。

(2)秀强文化核心:孝善幸福家文化。

（3）秀强企业愿景：世界玻璃科技看中国，中国玻璃科技看秀强。

（4）秀强企业使命：让我们共同体验发展新技术、新材料造福人类的快乐。

（5）秀强价值观：忠诚、勤奋、创新、激情。

（6）文化导向：目标结果导向、客户服务导向、团队合作导向。

（7）三大纪律：一切行动听指挥，不吃拿卡要，孝顺父母、尊敬家属。

（8）四大体系：科技文化、制度文化、伦理文化、怡情文化。

（9）十六字箴言：对上要敬，对下要慈，对人要和，对事要真。

春晖亭

三、秀强文化的行为层

秀强文化的行为层是指员工在生产经营及学习娱乐活动中产生的活

动文化,是企业经营管理、教育宣传、人际交往、文娱体育活动中产生的文化现象,包括企业行为的规范等。

秀强企业行为的规范是指围绕企业自身战略目标、企业的社会责任、保护消费者的利益等方面所形成的基本行为规范。从人员结构上划分为企业家的行为、企业模范人物行为和员工行为等。

相亲地点——桃花岛

秀强文化的行为层包含以下几个方面的内容:

(1)忠诚、勤奋:优秀文化育人;伦理文化、怡情文化;团队合作导向;对上要敬,对下要慈;孝顺父母、尊敬家属。学习文献《论语》《弟子规》。

(2)创新、激情:科学管理做事;科技文化、制度文化;目标结果导向、客户服务导向;对人要和,对事要真;一切行动听指挥,不吃拿卡要。学习文献《卓越绩效》。

衡量秀强理念系统是否落地的唯一标准,是广大员工是否在自觉实践企业的理念文化，是否自觉遵从企业的行为规范。企业文化不是写在纸上、挂在墙上的装饰品。在企业主流文化层面，企业愿景、企业使命、价值观、经营理念等成形后，当务之急便是使企业文化"内化于心"。

秀强理念系统落地生根，企业文化真正地做到"内化于心"，便会在企业内部形成一种强大的、优秀的能量，即组织的思想力、策略力，组织的思维模式将会整体地发生转变与提升，从而彰显出秀强文化那巨大的牵引力量。

秀强研发大楼

四、秀强文化的创新层

稻盛和夫认为:"即使是小公司,年轻员工也是把自己的一生托付给了公司。所以公司有更重要的目的,就是保障员工及其家庭的生活,并为其谋幸福,而我必须带头为员工谋幸福,这就是我的使命。"为此,稻盛和夫以大家族主义形式开展经营。他重视那种把别人的快乐当作自己的快乐,能够同甘共苦、犹如家族般的信赖关系。这可以说是京瓷员工携手并进的基本出发点。

稻盛和夫建立这种家族式的关系,使员工能够互存感激之心,相互体谅,从而建立起彼此信赖的伙伴关系,成为做好工作的基础。因为如同家人一般,当同事在工作上遇到困难的时候,就能够毫不犹豫地相互帮助,甚至个人的私事也能像家人那样相互交谈。

在企业经营管理方面,稻盛和夫偏重天人合一、敬天爱人,扎扎实实为"人"做文章,把人性研究透彻,把经营哲学融入人的管理中。

秀强与稻盛和夫有所区别,秀强重点打造幸福家庭。秀强股份积极导入钻石经营模式,通过事业部制,实现全员经营,其最大的愿望就是秀强股份取得更大的发展,并让员工在物质和精神两方面感到幸福,使企业在严峻的全球化竞争中立于不败之地。

幸福型企业就是以秀强"孝善幸福家文化"为指导思想,同时需要具备两个要素——企业要满足员工日益增长的物质文化需求;员工要不断满足企业日益发展的科技和管理的需求。

首先,秀强通过经营系统和内部利润中心管理法推行事业部制和分厂制,独立核算,实现公司利润最大化。

其次,秀强建立以"孝善幸福家文化"为核心的企业文化塑造系统,以秀强理念系统指引企业的发展路径。企业文化也激励员工乐意去工作,努力去工作,使之积极进取,激发其敢于突破和创新的精神。秀强文化是构成幸福型企业的重要元素。

最后，企业获得良性发展。员工感到物质丰富、精神充实；客户体会到质量上升、价格合理；股东感受到收益率高、收益持续；社会幸福方面体现在合作共赢、公益贡献。这就是秀强式经营的最终目标：营造一家幸福型企业。

秀强以钻石经营模式，实现幸福"大家"。鼓励员工践行孝善文化，员工创建了幸福"小家"。员工把秀强股份当"大家庭"，以在秀强股份工作而自豪，每个人都有幸福感，工作自然竭心尽力，热情洋溢。正如秀强股份创始人卢秀强所言："你把员工当人看，员工就把你当人看。你把员工当作工具，他就与你势不两立。你把员工当作兄弟姐妹，他就把企业当作自家来看。"

秀强厂区

第三节 秀强文化的发展

公司规模的不断发展壮大、企业文化的厚重凝练、管理模式的逐步规范和完善,使公司人性化的管理得到了充分的体现。

秀强文化分三个阶段:

尝试——底色形成:秀强文化 1.0。

成型——完善闭环:秀强文化 2.0。

升华——培优创新:秀强文化 3.0。

我国传统文化源远流长,博大精深,其中蕴含着丰富的哲学思想。秀强股份充分发掘传统文化中的哲学思想,深入探讨传统文化与现代科学管理方法的有机契合方式,推动企业管理方式的传承与创新,对秀强企业管理产生了极其重要的影响。

一、秀强文化 1.0——优秀文化底色

秀强股份把企业文化建设工作放在公司战略的高度,努力践行"优秀文化育人,科学管理做事"的核心价值观,坚持秉承"变无形为有形,化有形为无形"的企业文化建设之道,通过一系列的实践探索,把看似无形的文化建设根植入形、入神、入心,营造了良好的干事创业氛围,逐步形成了公司特有的文化风格和底色,即"红色文化+传统文化+家文化"。这种文化风格和底色是秀强股份长期坚持和积累的结果,是公司

员工共同认可和遵循的行为准则和价值观念。这种特有的文化风格和底色不仅提高了公司的社会声誉和品牌价值，还为公司的长远发展提供了强有力的支撑。

1. 红色文化

红色文化是指企业在长期发展过程中，结合党的优良传统和革命精神，形成的具有独特性和创新性的企业文化。这种文化强调爱国主义、集体主义、革命精神等价值观，是企业发展的重要支撑和动力源泉。

秀强股份在企业管理中，用红色文化铸就企业奋进之魂，将红色文化与秀强股份的使命、愿景和经营理念有机融合，促进企业建立更和谐的内外关系，以更崇高的社会责任感永续经营，有利于企业、员工与社会实现共赢。

红色文化和企业文化之间存在紧密的联系。秀强把员工素质教育与传承红色文化精神相结合，将红色文化与"忠诚、勤奋、创新、激情"的企业价值观相结合，大力弘扬自力更生、艰苦奋斗的创业精神。塑造员工的核心价值观，培养新型职工，展现现代化大型企业的精神风貌。

总结起来，秀强股份的红色文化主要体现在以下几个方面：

（1）坚定理想信念：秀强股份始终秉持着坚定的理想信念，积极践行社会主义核心价值观，致力于为社会、为国家、为人民做出贡献。

（2）传承红色基因：秀强股份注重传承红色基因，通过组织员工开展红色主题教育等方式，激发员工的爱国情感和奋斗精神。

（3）勇于担当作为：秀强股份在发展中勇于担当作为，为社会经济发展做出了积极贡献。

（4）践行社会责任：秀强股份积极履行社会责任，关注社会公益事业，通过捐款、捐物、志愿服务等方式回馈社会，传递正能量。

总之，秀强股份的红色文化体现了企业的精神风貌和价值追求，为企业发展注入了强大的动力和活力。

2. 传统文化

中国的传统文化追求伦理道德教育。中国古人经过观察自然界、社会人伦关系的道理，提出了十二个字作为人生修养的品德，那就是"孝悌忠信、礼义廉耻、仁爱和平"。

秀强股份在中国的传统文化里寻找智慧，将文化建设根植于公司的日常工作中，让员工在实践中感受到企业文化的力量和魅力。员工学习了这些中国的优秀传统文化的精髓，便能够心怀感恩，推己及人，互爱互助，共同构建和谐社会、和谐企业、和谐家庭。

家风家训园1

传统文化给秀强企业管理带来的影响，主要体现在以下几点：

第一，以仁为本。企业虽然是以营利为目标，但秀强股份在经营的时候，不短视近利，不做杀鸡取卵的事情，而是从长远的方面进行考虑，以仁德精神为企业树立形象。

第二，自强不息。秀强股份在经营的时候，难免会遇到一些挫折，但公司经营者没有轻易被困难打倒,而是积极想办法,开拓自己的思路,在困难的时候为企业闯出一条生路,让整个企业变得有活力。

第三,为人诚信。古人说"人而无信,不知其可也"。作为一个经营者,如果不守承诺,虚假经营,那么很难获得客户的信赖。

西方文化的基因是以物为本、以斗为贵。西方文化对人类社会的发展曾经起过重要的推动作用,但它的致命弱点是重视物质发展,忽视对人的伦理道德教育,重视享受、轻视节俭。

中华优秀传统文化的基因是以人为本、以和为贵,其核心价值观是仁爱、友爱、互助、大同。

家风家训园2

秀强股份重视中华传统文化德育为先的教育,努力培养恩义、情义的处事原则。一家企业要持续发展,要顺应社会秩序、承担社会责任,从根本上解决各种危机,就必须把中华传统文化作为企业的灵魂,作为企业管理的根本。

3. 家文化

家文化是秀强幸福文化的重要组成部分，主要包含关心员工家庭、强调家庭责任、培养家庭美德、营造家庭氛围等内容。在家文化的影响下，员工容易树立正确的世界观、人生观和价值观。家文化将团结互助的精神不断传递下去。将家文化融入秀强文化中，可以推动企业文化的优化和发展；同时秀强文化中的宏大愿景、尽职尽责等精神可以进一步升华家文化。

秀强股份的家文化主要体现在以下几个方面：

（1）"孝善幸福家文化"：秀强股份注重"孝善幸福家文化"的传承和弘扬，通过开展各种形式的家庭活动，增强员工对家庭的责任感，营造和谐幸福的家庭氛围。

（2）家庭关怀：秀强股份关注员工的家庭生活，通过提供家庭关怀、福利等措施，让员工感受到企业的温暖和关怀，增强员工的归属感和忠诚度。

（3）家庭和谐：秀强股份注重家庭和谐，通过开展家庭和谐建设活动，促进员工家庭之间的交流和沟通，增进员工之间的感情和信任，为企业发展营造良好的氛围。

总之，秀强股份的家文化体现了企业对员工的关心和关爱，为员工提供了良好的工作环境和生活条件，增强了员工的凝聚力和向心力，为企业发展注入了强大的动力和活力。

秀强文化与家文化之间的完美融合，顺应了企业发展的需求，丰富了企业文化的内涵。将家文化中的积极进取精神与企业文化中的职业精神进行融合，增强企业的凝聚力。企业文化与家文化的融合，有助于打造幸福文化，有助于员工建立幸福家庭。在这样的幸福文化氛围中，领导者与普通员工的关系更加和谐。

总体而言，红色文化、家文化、传统文化相互融合，构成秀强幸福文化的独特性、不易模仿性和延展性，支撑着秀强股份形成竞争优势，使秀强能在多变的市场竞争中持续生存和稳定发展。

二、秀强文化2.0——孝善文化

秀强文化2.0打通了知行合一的闭环，帮助秀强实现文化对组织和科技的赋能。秀强提出"孝善文化"具有重要意义，可以为家庭教育、学校教育和社会教育确立一个一以贯之的价值观念，"孝善幸福家文化"为秀强股份提供了一种内在的精神价值。孝善文化为秀强股份所推崇，一方面在于孝善文化对于传统文化的影响力，另一方面通过企业管理者的身体力行、引领示范，让员工以孝善为荣、以孝善为美、以孝善为德、以孝善为要。

秀强股份是所有员工的大家庭。有幸福大家，才有幸福小家。

家风家训园3

1. 萃取秀强语录，构建管理哲学

以孝善文化为核心的企业文化塑造系统，是根据企业及其环境的特点而创立和发展起来的。

家风家训园 4

秀强股份通过长期、科学的企业文化建设，快速掌握打造文化竞争力的核心能力，实现内部协同与外部适应。

管理哲学，源于社会人文经济心理学的创新运用，是一家企业特有的从事生产经营和管理活动的方法论和原则。它是指导企业行为的基础。一家企业在激烈的市场竞争环境中，面临着各种矛盾和多重选择，需要有一个科学的方法论来指导，有一套逻辑思维的程序来决定自己的行为。

在管理哲学方面，稻盛和夫的经营哲学是一个经典范例。稻盛和夫的经营哲学，也称京瓷哲学，是他在对工作、对人生进行不断的自问自答的过程中产生出来的。

第一章 秀强文化的起源与发展

京瓷哲学以"何为正确的做人准则"为判断标准,指出了按照人类应有的原始伦理观、道德观及社会规范,开展无愧于任何人的、正大光明的经营与业务活动的重要性。

稻盛和夫的经营哲学,集中到一点就是"敬天爱人"。所谓"敬天",就是按事物的本性做事。这里的"天"是指客观规律,也就是事物的本性。他坚持把正确的事情以正确的方式贯彻到底作为准则,提出了十二条经营原则。

所谓"爱人",就是按人的本性做人。这里的"爱人"就是"利他","利他"是做人的基本出发点,利他者自利。对于企业来说就是"利他经营",这个"他"是指客户。广义的客户包括顾客、员工、社会和利益相关者。要从"企业本位"转向"客户本位",全心全意为客户服务。

秀强也有自己的管理哲学。通过企业经营管理实践,形成带有经营风格、工作作风、思维习惯的文化习惯,再阐述出具体的应用理念,如经营、管理、制度、人才、质量和服务等,然后升华为经营管理策略、方针,最后提炼成为企业家的管理哲学。秀强管理哲学汇总为《秀强语录》这一主要成果,如图1-3所示。

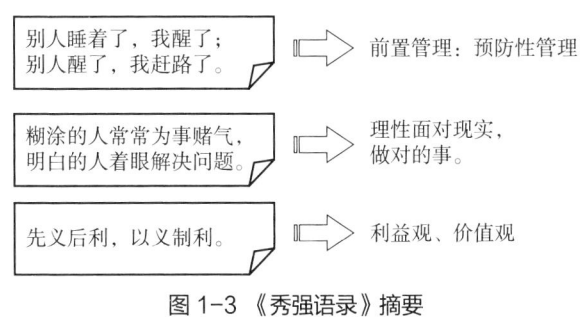

图1-3 《秀强语录》摘要

秀强管理哲学是群体的思维,而不只是企业家的思维,它是企业文化的高度提炼。秀强管理哲学也不只是停留在企业家层面,还凝聚了企业核心团队的智慧。

2. 践行孝善，外化于行

孝善文化是秀强股份持续获得市场竞争优势的不竭源泉。把企业这块"蛋糕"做大，几乎是每个企业家的愿望；能否将企业"蛋糕"做大，显然不是拥有"人有多大胆，地有多大产"式的勇气和财力就能实现的，而是取决于企业文化能否使企业拥有持续的市场竞争优势。

孝善文化是经过长期演化、不断锤炼逐步形成的。孝善文化不仅促进秀强业绩提升，还使秀强在玻璃深加工行业后来居上，跻身于全球激烈市场竞争的舞台，并收获了尊重。

秀强孝善文化的构成，主要包括学习两项内容、落地两种呈现和形成一个模型（如图1-4所示）。

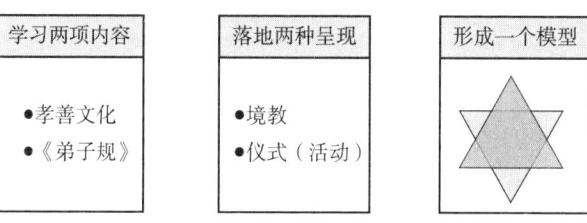

图1-4 秀强孝善文化的构成

第一，学习两项内容，包括孝善文化和《弟子规》。孝善文化包括敬养父母、教育子女、推恩及人、忠孝两全等，是由个体到整体，包含修身、齐家、治国、平天下的层层递进的文化体系。

曾国藩说："读尽天下书，无非一孝字。"孝德是八德之首，也是中华民族尊奉的传统美德。秀强鼓励员工学习和践行孝善文化，对个人而言可以达到修身养性、和谐家庭的目的，对企业而言可以实现报国敬业、奉献社会、塑造文化的目标。

学习践行《弟子规》。《弟子规》是一本只有1080字的小册子，儒家思想提倡的孝、悌、谨、信、仁爱和好学等思想，都在《弟子规》中有明确的行为规范。秀强鼓励员工学习践行《弟子规》，让员工提升自己的文化素养，对与父母的冲突以及人性有更深层次的了解，在为人处事上更平和，最终促进秀强股份的稳定发展。

第二，落地两种呈现，包括境教和仪式（活动）等。所谓境教，就是创造和利用良好的环境对人施加影响。开展境教，要充分利用各种载体、各种渠道、各种形式大力宣传幸福文化，在组织内部营造一种浓厚的企业文化氛围。这个组织可以是企业，可以是部门，亦可以是团队。在这种氛围里，不求立竿见影之效，但求滴水穿石之功，久而久之，就会使员工产生自觉认同并自觉实践的心理。

举行仪式（活动）。秀强通过企业文化主题活动、文化仪式来不断强化企业文化的内涵。例如：企业文化节，通过举办一系列的活动，提高员工对公司的凝聚力，强化企业文化建设，促进企业形成持续稳定的文化推动力。活动主要内容为体现企业文化核心价值观和企业精神的文艺表演、体育竞技、摄影比赛、书法比赛、文化作品展等。在活动过程中了解员工需求和感受，增强员工对企业文化的认同感，使核心价值观深入每一位员工的心中。领导者亲自参与文化落地建设，让员工看到、感受到领导者对孝善文化的重视。

第三，形成一个模型。企业文化管理活动是一个不断运动、不断循环的动态过程，是运用现代管理理念、方法和工具，对各种企业文化资源和要素进行全面管理，使文化建设落地的过程。在这个过程中形成秀强文化管理模型，这个模型蕴含着企业文化科学实践论的管理手段，它同时具备"有效推动企业文化实践和企业文化管理"的强大功能。秀强文化管理模型包含孝善文化《弟子规》（德能培养）、境教/仪式（活动）、企业文化月度例会、6S 管理、奖励与惩罚等内容。

三、秀强文化 3.0——钻石经营模式

秀强文化 3.0 即钻石经营模式，是秀强文化的创新部分，也是本书

重点解读的部分。

秀强文化渗透到企业经营管理的各个方面，全员全过程与企业发展相互融合促进，从而形成经济效益，最终体现在企业的产品和服务之中。钻石经营模式实现全员参与、成就大家小家的和谐。

家风家训园 5

钻石经营模式是一种"以人为本"的管理模式，以人的全面发展为目标，通过共同价值观的培育，在企业系统内部营造一种健康和谐的文化氛围，使全体员工的身心能够融入企业经营系统，员工变被动管理为自我约束，在实现企业价值最大化的同时，实现个人价值的最大化。

文化管理就是从文化的高度来管理企业，以秀强幸福文化为基础，强调人的能动作用，强调团队精神和情感管理，管理的重点在于人的思想和观念。

钻石经营模式的形成过程，就是把企业文化建设的各项工作有机地联系起来，相互促进。可以说，只有科学地运用秀强文化管理模型，持续认真地把握好每一个环节，才能落实好企业文化的推广、落地和实施工作，使其发挥出最大的作用。

钻石经营模式从伦理文化和制度文化两个方面展开。伦理文化深入人心，主要有孝善文化《弟子规》（德能培养）和境教/仪式（活动）等。制度文化方面，就是文化应用于管理的实践，如企业文化月度例会、6S管理、奖励与惩罚等。

钻石经营模式系统性地补齐了企业在文化建设过程中的短板，为有品质的企业文化建设提供了一个有力的保障，这种新思维无疑推进了企业文化管理的科学化进程。

企业能否建立起一套科学的企业文化管理体系，关键还是取决于企业的最高决策者。如果企业的最高决策者既是管理者又是领袖，那就能使其管理智慧升华，并形成一种独特的领袖管理魅力，这是管理科学化极高的境界。

文化管理是人本管理的最高层次，它通过企业文化的落地，来实现秀强文化管理模式的提升，使员工形成共同的价值观和行为规范，进而成为"有文化的秀强人"。

文化实践案例

争做"秀强人"

在秀强股份，个人荣誉事迹展示是公司文化长廊和各分厂的重要组成部分。这份荣誉被视为秀强股份最高的荣誉,名为"秀强人"。

每年评选一次的"秀强人"称号,是一份非常高的荣誉。评选不仅要求员工在工作中表现出色,更要求员工在家庭和社会中树立起模范榜样的形象。这份荣誉不仅是对员工个人能力的肯定,更是对员工品德和价值观的认可。

在秀强股份,员工们都非常重视这份荣誉。评选出的"秀强人"不仅会得到公司的高度认可和奖励,还会成为其他员工学习的榜样。这份荣誉对于员工们来说是一种激励,能够激发他们挖掘自身的潜力,为公司的发展做出更大的贡献。

一、"秀强人"评选

"秀强人"的评选流程非常严谨,共分为八个阶段:宣传发动、材料上报、分厂初审、走访初审、家访复评、公示、报批和公布。这种评选流程体现了公司对员工的高度重视和认真评选的态度。

"秀强人"评审的条件围绕工作和家庭两方面设置,充分体现了秀强股份"孝善家文化"的企业文化。在评选中,公司看重评选人的家庭氛围,比如孝敬双方父母、夫妻相处和睦、教育小孩成人成才、生活作风严谨等。这些条件反映了公司对员工个人品德和价值观的重视,也体现了公司对员工家庭生活的关注和尊重。

同时,评选人在工作中也要表现出色。评选条件包括获得过年度先进工作者称号、参与创新改善、红太阳积星数排名以及具有团队意识、敢于承担责任等。这些条件反映了公司对员工工作能力和工作态度的要求,也体现了公司对员工团队协作和责任担当的期望。

只有满足这些条件的优秀员工才能参与初审,因此被评为"秀强人"的都是公司非常出色的员工。每个"秀强人"都有一些感人的事迹,这些事迹不仅是对员工个人能力和品德的肯定,也是对企业文化的传承和弘扬。

总之，评选"秀强人"，能够激发员工的工作热情和潜力，促进公司的整体发展。

二、不一样的"秀强人"

秀强股份对于"秀强人"的评选和奖励机制非常独特，充分体现了公司对员工的高度认可和尊重。

公司会专门安排敲锣打鼓的仪式，将"秀强人"的奖励送到获评对象的家中，这种特殊的仪式让"秀强人"的家人和街坊邻居倍感荣耀。这种做法不仅让员工本人感到自豪，也让他们的家人和周围的人感受到公司的关怀和认可。

被评选为"秀强人"的员工会因为这份荣誉而更加努力地工作。他们不仅在工作中更加认真负责，在家庭和社会中也会更加积极地发挥自己的作用。

秀强股份通过评选"秀强人"和其他荣誉奖励机制，激发员工的工作热情和潜力，促进公司的整体发展。通过这种方式，秀强股份成功地营造了积极向上、团结协作的工作氛围，让员工在工作中更加有动力和成就感。

三、"秀强人"故事

每一个"秀强人"都有一段令人动容的故事。这些故事不仅展现了员工们在工作中出色的表现，也反映了他们在生活中的价值观。

这些秀强故事不仅体现了公司的"孝善家文化"，更点缀了这一文化，使之更加丰富和生动。"孝善家文化"是秀强股份企业文化的核心，它强调的是员工对家庭的尊重和关爱，以及对工作和生活的平衡。

这些秀强故事让公司的"孝善家文化"更加深入人心，也让员工们更加有动力和归属感。这些故事传递了公司的价值观和理念，激励员工们在工作中更加努力，在生活中更加珍惜家庭和亲情。

正是这些秀强故事，让公司的"孝善家文化"得以更好地传承和发展。这些故事不仅让员工们感到自豪，也让公司的形象更加鲜明和有吸引力。相信在这些秀强故事的引领下，秀强股份会走得更好更远。

第二章

钻石经营模式的成型、落地与推广

第一节　秀强文化的结晶：钻石经营模式

秀强股份一直致力于提升员工满意度，并让员工切身感受到有温度的关怀。在公司创始人卢秀强的带领下，企业强调"优秀文化育人，科学管理做事"，切实从员工角度出发，做员工的服务员。为了实现这些目标，秀强股份需要打破原有的组织架构，创建一种新的组织架构体系。

一、由金字塔形转变为钻石经营模式组织架构

传统的金字塔形组织架构往往会导致领导和员工之间的沟通和反馈不畅，领导无法充分了解员工的需求和问题，员工也很难及时向上级反映情况。这种架构的森严层级关系也可能限制员工的创造力和积极性。

秀强股份原来的组织架构是金字塔形的，员工、班长、计划管理/质量管理/安全管理/技术科/设备科、厂长等层级关系明确，这种架构能够保障工作任务被严格执行。然而，由于领导无法做到对每位下属进行充分、有效的指导和监督，且每个主管从下属那儿获取的信息较多，可能淹没了其中最重要、最有价值的，从而影响信息的及时利用。此外，这种组织架构也不可能了解每一个员工的问题和需求。

为了解决这些问题，秀强股份分析了现阶段的组织架构，并结合公

司的文化，创立了新的组织架构——钻石经营模式组织架构。秀强股份的创新组织架构，无疑是一种积极有益的尝试。通过转变思维方式和改变工作模式，管理者从单纯的命令指挥转变为服务和引导，管理者服务于员工，员工则服务于产品。管理者能够更好地关注员工的生产和生活问题，提供更好的服务和支持。员工也能够更好地发挥自己的潜力和创造力，为公司的生产和经营做出更大的贡献。

钻石经营模式组织架构，如图 2-1 所示。

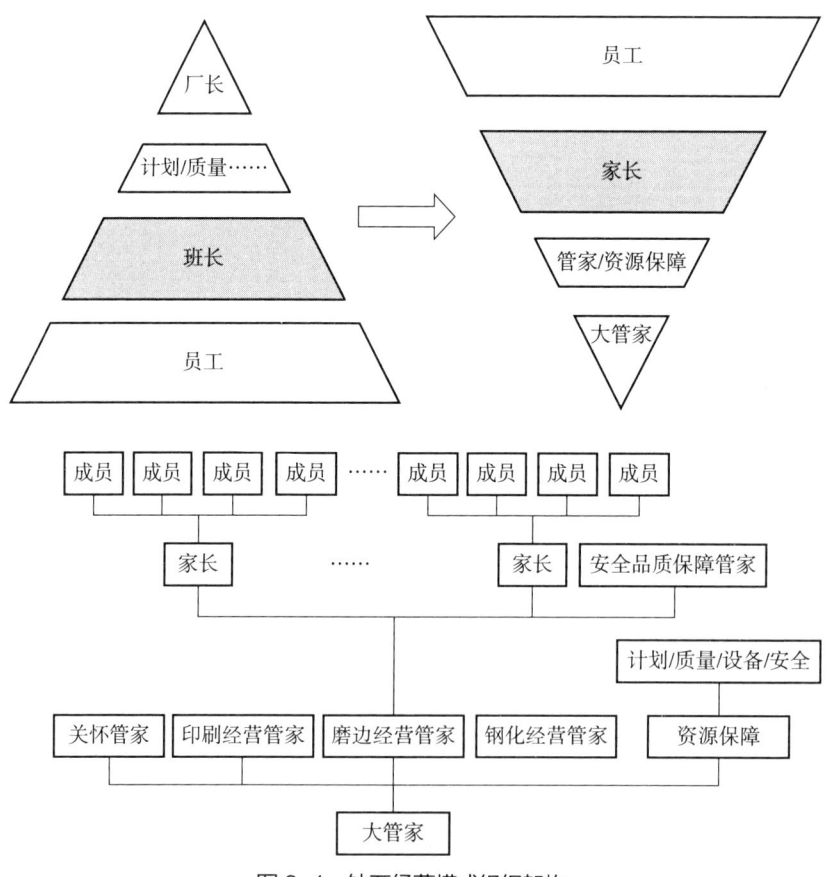

图 2-1 钻石经营模式组织架构

二、家庭小组自主经营模式

在钻石经营模式组织架构中，家庭小组自主经营的模式非常有创意，也很符合现代企业管理理念。通过将每道工序划分为多个家庭小组，并设立家长这一岗位来服务员工并对员工负责，能够更好地增强员工的归属感和责任感。同时，新增安全品质保障管家、经营管家和关怀管家等岗位，这些岗位将更好地服务于员工和家庭小组，帮助解决生产和生活问题。

这种模式的实施可以带来很多好处。首先，家庭小组自主经营可以增强员工的积极性和主动性，提高生产效率和质量。其次，员工能够更好地参与到公司的生产和经营过程中来，从而增强员工的生产经营意识。最后，通过更好地关注员工的生产和生活问题，提供更好的服务和支持，可以降低员工流失率，提高员工的满意度和忠诚度。

当然，这种模式的实施也需要一些条件和要求。首先，需要有一套完善的管理制度和流程来保证家庭小组自主经营的顺利进行。其次，需要有一个高素质的管理团队来提供更好的服务和支持。最后，需要为员工提供必要的培训和发展机会，以帮助员工提升技能和能力，使其更好地参与到公司的生产和经营过程中来。

三、钻石经营模式的创新探索

钻石经营模式是一种非常有创造性和实用价值的经营模式。通过将优秀传统文化、红色文化和社会先进文化相结合，形成幸福家庭组，分厂服务于每个家庭组，让每位家人独立经营，发挥主观能动性，确保员工"快乐工作，快乐生活"（让一线家人在愉悦的工作环境中，共同体验创造价值的快乐）。这种经营法不仅可以提高员工的满意度和归属感，还可以降低员工流失率。分厂也可以保持成本最小化、经营效益最大化，为社会发展尽一份力。

在实施钻石经营模式时，需要制定完善的管理制度和流程、建设高素质的管理团队，为员工提供必要的培训和发展机会。同时，还需要不断探索和实践，不断完善和优化这种经营法，以更好地适应公司发展和市场变化。

总之，秀强股份通过创新组织架构体系和经营法，致力于降低员工流失率、提升员工满意度，并让员工切身感受到家的温暖。钻石经营模式不仅符合公司的文化理念，也符合现代企业管理和发展的趋势。通过不断探索和实践，相信秀强股份能够为员工提供更好的工作环境和生活条件，为公司的发展注入新的动力和活力。

第二节　钻石经营模式的理念

在秀强文化2.0的基础上，对企业文化进行了优化和创新，以确保公司的长期稳定发展和持续增长。

一、员工也是客户，一切围绕客户

以客户为中心就需要公司既服务好内部客户也服务好外部客户。服务好内部客户，公司才有更多的利润；服务好外部客户，公司才有更多的订单，这是一个相辅相成又前后循环的过程（如图2-2所示）。

要想有充足的订单就需要外部客户满意，这要求开发部门需要开发出在市场上具有竞争力的产品，制造部门则需要生产出质量值得信赖、成本具有竞争力且能够在短时间内快速交货的产品交付给外部客户。而要想生产出这类产品就需要公司更好地服务内部客户（一线员工），让内部客户满意，才能创造更多的利润。

第一，"水能载舟，亦能覆舟"。秀强股份需要充分意识到，决定公司未来发展的绝不是少数的管理人员，而是公司的一线员工，他们的潜在智慧和能量是无穷的，服务好他们就能够打牢公司发展的根基。在文化建设的调研阶段，秀强股份发现员工对管理人员的信任度不高，在日常生产经营中经常因为信任危机而出现双方博弈，因此需要思考"如何能够让每一个员工都参与到公司的经营中来"。

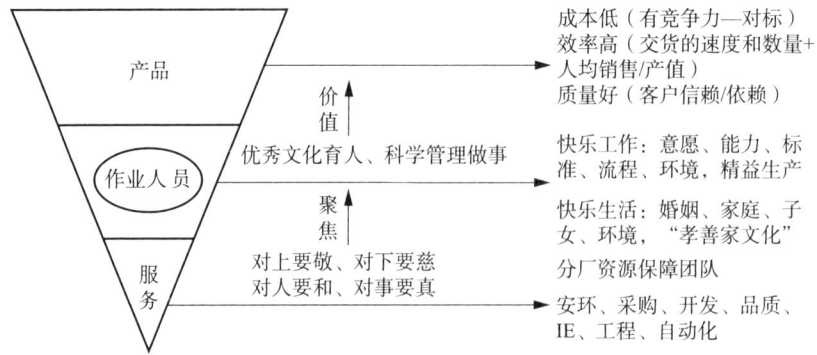

图2-2 以客户为中心的管理闭环

第二,"小家好,家人就好"。很多老员工都把公司当成"第二个家",但公司没能给他们营造良好的家庭氛围,因此建立家庭组,改变了员工单打独斗的观念,统一了为自家努力的思想。家庭目标明确,集体氛围浓厚,员工每天在目标引领下干劲十足,共同分享收获的喜悦,体验参与感和获得感。

第三,"管理心态"转向"服务理念",将说教式管理变成满足员工资源需求的服务。家庭组在向着目标前进的路上,遇到任何问题、阻碍、难关,资源保障团队迅速做出反应,迎难而上,遇水架桥、逢山开路,保障家庭组目标实现。

第四,将分厂的目标分解至最小工作单元,让每一名员工逐步拥有自主经营意识,引导全体员工养成开动脑筋、提出合理建议及需求的习惯,营造全员创新的氛围。

第五,减少管理团队的无效工作时间,转向有针对性的"资源保障工作",让优秀的人才有更多的时间通过满足内部员工的合理需求,在给公司创造更大价值的同时,实现个人价值。

第六,"快乐工作,快乐生活"。员工除了休息,将更多的时间花在工作上,留给家人的时间少之又少。如何让员工在工作中体会到快乐,让工作环境不再"冰冷",让员工有更多时间和精力体验生活?秀强股份有一个愿景：通过公司和员工的共同努力，能够让一线员工体验在愉悦的工作环境中创造价值的快乐。

经过以上的思考和探讨，不难发现：从公司内部考虑，秀强股份应该更加关注一线员工，解决他们的问题；从公司外部考虑，秀强股份要想发展壮大，打造"百年老店"，就需要有源源不断的订单保证生产，以此获得更多的利润。因此，公司必须用"以客户为中心"的中心思想来解决问题。

二、钻石经营模式实现途径

秀强股份通过以客户为中心的思想，将管理理念转变为服务意识，结合公司的文化，最终形成了钻石经营模式，切实解决了内部客户（一线员工）的问题和需求，让员工感受公司家文化。

最终秀强股份将钻石经营模式总结为"11365"，具体如图2-3所示。

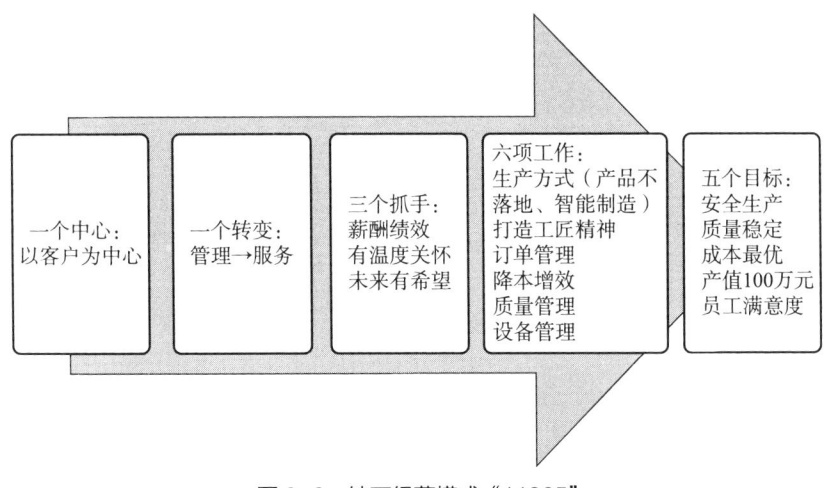

图2-3 钻石经营模式"11365"

（1）一个中心：以客户为中心（内部客户与外部客户）。

以客户为中心是秀强股份的重要经营理念之一，不仅关注外部客户的需求和反馈，也重视内部客户（员工）的感受和需求。

对于外部客户，秀强股份始终坚持以客户需求为导向，提供优质的产品和服务。公司通过市场调研、客户反馈等方式，深入了解客户需求，不断优化产品设计和功能，提高客户满意度。同时，公司还注重与客户的沟通和交流，及时解决客户的问题和疑虑，增强客户的信任。

对于内部客户（员工），秀强股份也注重员工的感受和需求。公司通过提供良好的工作环境、福利待遇、培训机会等方式，激发员工的积极性和创造力，提高员工的工作效率和满意度。同时，公司还注重员工的个人发展和职业规划，为员工提供更多的发展机会和晋升空间，增强员工的归属感和忠诚度。

总之，以客户为中心是秀强股份的核心经营理念之一，通过关注客户需求和员工感受，不断提高产品和服务质量，增强企业的竞争力和市场地位。

秀强幸福人生讲堂 1

（2）一个转变：管理向服务的转变。

管理向服务的转变是秀强股份近年来进行的重要变革之一。

在过去，企业管理往往侧重对内部资源的控制和管理，注重生产效率、成本控制等方面。然而，随着市场竞争的加剧和消费者需求的多样化，单纯的管理模式已经无法满足企业的长远发展。

因此，秀强股份开始将管理向服务转变。这种转变意味着企业将更加注重客户的需求和体验，以提供优质的服务为核心竞争力。

在服务型管理中，秀强股份注重以下几个方面：

客户需求导向：企业始终将客户需求放在首位，通过深入了解客户需求，提供个性化的产品和服务。

服务质量提升：企业注重服务质量的持续改进，通过培训、激励等方式提高员工的服务意识和技能，确保客户获得优质的服务体验。

客户关系管理：企业建立完善的客户关系管理系统，及时了解客户的反馈和需求，不断优化服务流程，提高客户满意度。

员工参与：企业鼓励员工参与服务改进过程，通过员工建议、满意度调查等方式收集员工的意见和建议，不断完善服务体系。

通过管理向服务的转变，秀强股份不仅提高了客户满意度和市场竞争力，还增强了员工的归属感和忠诚度。这种转变有助于企业在激烈的市场竞争中保持领先地位，实现可持续发展。

（3）三个抓手：薪酬绩效、有温度关怀、未来有希望。

秀强股份在实施以客户为中心的战略转型中，通过三个抓手来提升员工的积极性和工作动力，分别是：

薪酬绩效：秀强股份意识到，合理的薪酬和绩效制度是激励员工积极工作的重要手段。公司根据员工的岗位、能力和业绩设立了具有竞争力的薪酬体系，并实施绩效管理，将员工的薪酬与绩效挂钩，让员工明确自己的工作目标，实现优绩优酬。

有温度关怀：秀强股份强调对员工的关心和关怀，这种关怀不仅体现在物质层面，更体现在精神层面。公司通过举办各类活动，如员工庆祝活动、节日关怀、健康检查等，增强员工的归属感和幸福感。此外，公司还关注员工的家庭生活，为员工提供家庭关怀和福利，帮助员工解决后顾之忧。

未来有希望：秀强股份重视员工的职业发展和成长。公司为员工提供各种培训和发展机会，让员工看到自己在公司未来的发展前景。同时，公司还鼓励员工进行创新和尝试，为员工提供宽松的创新环境和发展空间。

通过这三个抓手，秀强股份有效地提升了员工的工作积极性和工作动力，为公司的持续发展和客户满意度的提高奠定了坚实的基础。

（4）六项工作：生产方式（产品不落地、智能制造）、打造工匠精神、订单管理、降本增效、质量管理、设备管理。

秀强幸福人生讲堂2

秀强股份在实施以客户为中心的战略转型中，将六项工作作为重点来推进，分别是：

生产方式（产品不落地、智能制造）：秀强股份致力于通过产品不落地和智能制造的生产方式，提高生产效率和产品质量。产品不落地是指从原材料到成品的全过程不经过中间环节，直接送达客户手中，这样可以减少中间环节的成本和时间。智能制造则是通过引入先进的自动化设备和信息系统，实现生产过程的智能化和数字化，提高生产效率和产品质量。

秀强幸福人生讲堂3

打造工匠精神：秀强股份注重培养和打造工匠精神，通过提供专业的培训和激励机制，鼓励员工追求卓越和创新。工匠精神是指对产品质量的极致追求和对工作的精益求精，工匠精神的培养有助于提高产品的质量和企业的竞争力。

订单管理：秀强股份建立了完善的订单管理体系，通过订单跟踪和数据分析，及时了解客户需求和市场动态，为生产和销售提供有力支持。

降本增效：秀强股份注重降低成本和提高效率，通过优化生产流程、降低原材料成本、提高设备利用率等方式，实现降本增效的目标。

质量管理：秀强股份建立了严格的质量管理体系，通过制定质量标准和检验流程，确保产品质量的稳定性和可靠性。同时，公司还注重质量改进和创新，不断提高产品质量和客户满意度。

设备管理：秀强股份重视设备的管理和维护，通过建立完善的设备档案和维修保养制度，确保设备的正常运行和延长使用寿命。此外，公司还注重设备的更新和升级，提高设备的自动化和智能化水平。

通过这六项工作的推进，秀强股份可以进一步提高生产效率、降低成本、提高产品质量和客户满意度，从而增强企业的竞争力和市场地位。

（5）五个目标：安全生产、质量稳定、成本最优、产值100万元、员工满意度。

安全生产：公司始终将安全生产放在首位，通过加强安全管理、完善安全制度、提高员工安全意识等措施，确保生产过程中的安全和稳定。

质量稳定：公司注重产品质量的稳定性和可靠性，通过建立严格的质量管理体系和检验流程，确保产品符合国家和行业标准，提高客户满意度。

成本最优：公司通过优化生产流程、降低原材料成本、提高设备利用率等方式，实现成本的最优控制，提高企业的盈利能力和市场竞争力。

产值100万元：公司设定产值目标为100万元，通过提高生产效率、扩大市场份额、拓展新业务等方式，实现产值的稳步增长。

员工满意度：公司注重员工的满意度和幸福感，通过提供良好的工作环境、福利待遇、培训机会等方式，激发员工的积极性和创造力，提高员工的工作效率和满意度。

这五个目标是秀强股份发展的重要方向和目标，通过实现这些目标，公司可以不断提高自身的竞争力和市场地位，为客户提供更优质的产品和服务。

钻石经营模式，最核心的就是形成了新的自下而上的钻石经营模型，具体如图2-4所示。

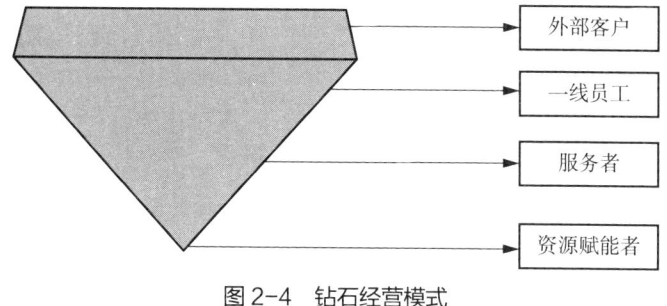

图 2-4 钻石经营模式

钻石经营模式的运作方式是，经营管家需要想方设法主动去寻找问题并解决问题，更好地服务每个小家庭，确保幸福家庭小组的各项指标完成。所有问题均要回归业务现场，关注流程细节，思考解决方法，达到经营最大化、成本最小化。

三、钻石经营模式的六大特色

钻石经营模式具有六大特色（如图 2-5 所示），下面一一进行介绍。

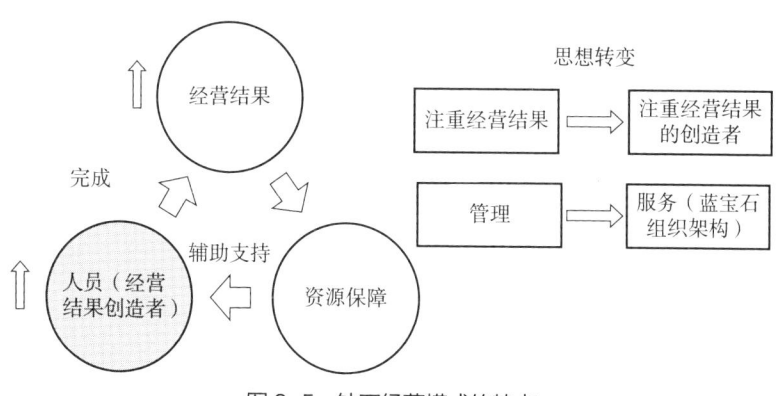

图 2-5 钻石经营模式的特点

1. 从注重经营结果转变为注重经营结果的创造者

在很多制造企业中，公司往往只看重最终的结果（更多的是结果导向型）而忽略了过程的重要性。其实在制造企业更应注重经营结果的创造者，即公司的一线员工，因为员工是直接对产品负责的，好的产品也是一线员工生产出来的，因此钻石经营模式第一个转变的思想就是从注重经营结果转变为注重经营结果的创造者。

2. 管理意识转变为服务意识

在传统的金字塔形组织架构中，上级公司领导布置工作时，更多的是命令指挥，有时候甚至态度恶劣，这无疑会升级管理人员与一线员工的矛盾，更会导致员工的不满，加大两者之间的博弈。而钻石经营模式则倡导转变这种管理意识，由管理指挥转变为服务支持。在钻石经营模式中，管理人员扮演的是资源保障的角色，更多的是为一线员工提供支持和帮助，解员工之所需，答员工之所惑，积极解决员工在生产和生活中遇到的问题。在这种模型下，厂长叫大管家，班组长叫管家和家长，后台管理人员组成资源保障部，全部是为一线家人服务，做员工的服务员。

3. 由金字塔形转变为倒三角形组织架构

（1）组织架构。

分厂以往的组织架构属于金字塔形的组织架构，形成员工、班长、计划管理/质量管理/安全管理/技术科/设备科、厂长这种从下到上的层级关系，厂长属于塔尖。这种组织架构往往最下面的员工最辛苦，领导扮演的是发号施令的角色，下面则是执行者的角色。这种组织架构能够保障任务严格地执行，但是由于这种架构的特性，领导无法做到对每位下属进行充分、有效的指导和监督；每个主管从众多下属那儿获得大量信息，可能淹没了其中最重要、最有价值的，从而影响信息的及时利用，并且也不可能了解每一个员工的问题和需求。

因此，秀强股份分析了现阶段的组织架构并结合公司的文化，最终创新了新的组织架构（如图2-6所示）。

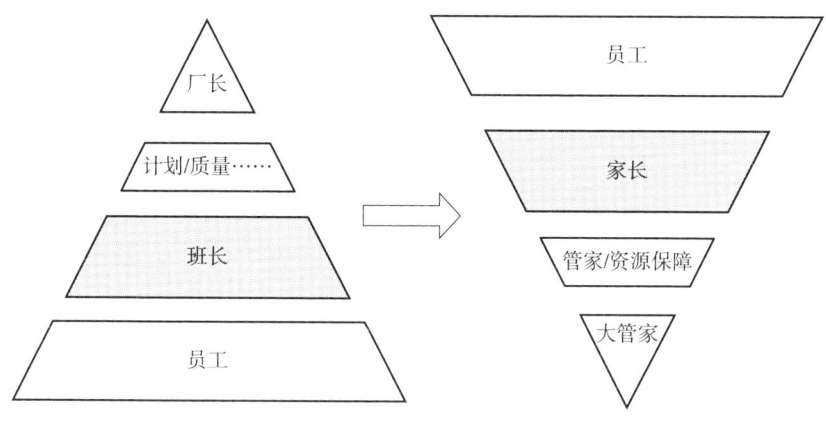

图 2-6　由金字塔形转变为倒三角形组织架构

（2）岗位职责。

从上面分析的组织架构可以看出，以前分厂厂长以及后台管理人员（计划/质量/安全/设备/机修以及技术科）更多的是扮演指挥命令的角色，而在钻石经营模式中，岗位名称会改变，岗位职责也会发生改变。岗位职责对比如图 2-7 所示。

2名班长，2名副班长→1名管家，2名大家长

管家（成本/效率/员工关怀）	资源保障部门	大家长（质量/安全）	家长（家庭组经营）
1.工艺改善； 2.引导成员创新； 3.关怀员工； 4.对新员工进行作业指导及技能提升培训； 5.保证计划完成； 6.班前会召开； 7.上下道工序对接； 8.分厂安排的临时性任务。	1.积极主动提供资源帮助； 2.确定各工序经营指标和工艺设计，并帮助家庭组完成。	1.每日质量安全培训； 2.确保安全生产； 3.带动家庭组创新、和谐氛围； 4.按照计划单查图纸； 5.首检、过程检确认； 6.过程异常处理； 7.配合管家完成相关日工作。	1.家庭组报表的收集与汇总； 2.配合管家确保本家庭组的达成率、成品率的完成，并对成本进行控制； 3.引导家庭成员内部创新； 4.营造家庭组经营氛围，确保家庭组和谐、互助。

图 2-7　岗位职责

在钻石经营模式中，以往厂长、后台管理岗位以及班组长的岗位名称全部发生改变，变成大管家、管家、资源保障部门以及家长等岗位名

称。相对应的岗位职责也发生了改变。图 2-7 中，颜色较浅的部分的岗位职责是原有的，而加黑部分则是新增的。从新增的岗位职责中不难发现，无论是管家、资源保障部门，还是家长，他们的工作重心更加偏向于服务一线员工、提高员工的满意度、营造家庭氛围以及带领全员创新，并且新的岗位职责也要求他们更加关注工艺改善和精益化生产。

崇孝园 1

4. 最小家庭组的运作

在制造型企业中，往往是以班组甚至工序为一个经营体，一个班组可能达到几十人，工序人数更多，这种情况也容易导致吃"大锅饭"的现象。经营结果与班组整体捆绑在一起，往往很难让优秀的员工脱颖而出，懒惰的员工也容易滥竽充数，对于他们来说，干多干少都一样，对最终的薪资影响不大。所以这种环境中的员工往往工作积极性很低，技能水平高的员工即使刚开始有干劲，心态也会慢慢发生转变。

崇孝园2

基于这种情况,秀强股份形成了新的经营运作方式:以最小工作单元成立家庭组,家庭成员独立经营,最大限度地提高员工的积极性(如图2-8所示)。同时公司也会采取一系列的激励方案——红太阳积星激励方案,让家庭组之间相互竞争,排名第一的则会获得自选的实物奖励。

以最小作业单元成立家庭组,独立经营,激发员工积极性,"快乐工作,快乐生活"。

图2-8 钻石经营模式的运作方式

5. 新的薪酬绩效体系

钻石经营模式的核心之一是建立了一套全新的薪酬绩效体系（如图2-9所示）。该体系主要由两部分组成，第一部分是薪资体系，第二部分是绩效体系。

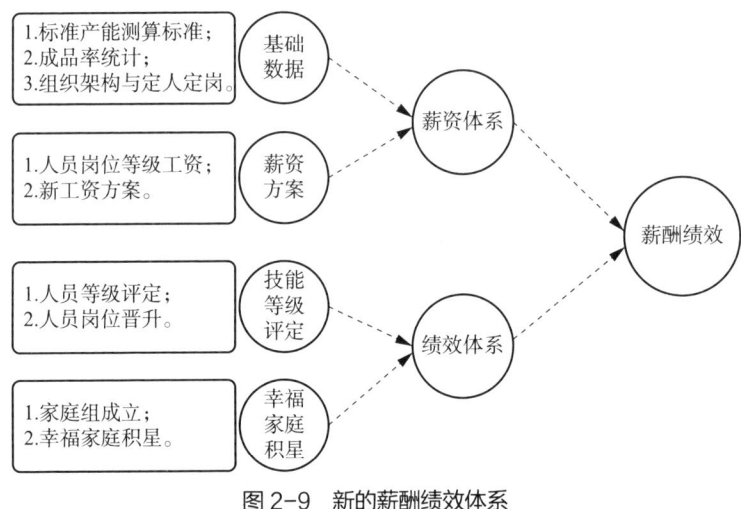

图2-9　新的薪酬绩效体系

在新的薪资体系中，秀强股份引入了一系列标准的基础数据，包括标准产能测算标准、成品率统计、组织架构与定人定岗；对原有的计件制工资方案进行了调整，改为以计时为主、计件为辅的新工资方案。

绩效体系包括技能等级评定和幸福家庭积星。技能等级评定分为人员等级评定和人员岗位晋升两部分，让员工明确了解自己的职业发展前景。此外，秀强股份还创立了红太阳幸福家庭积星制度，通过家庭组之间的相互竞争，激发全员创新精神，提高员工的工作积极性。

这套薪酬绩效体系不仅体现了钻石经营模式的严谨性和稳重性，更让员工对未来充满希望。这种制度的实施，不仅有助于提高员工的工作效率和积极性，也为公司的长期发展提供了有力的保障。

6. 有温度的关怀项目

钻石经营模式的核心理念是以客户为中心，尤其关注作为内部客户的一线员工。秀强股份认为更应当为他们提供优质服务，提升他们的幸福感和满意度。为此，钻石经营模式特别制定了八个有温度的关怀项目（如图2-10所示）。

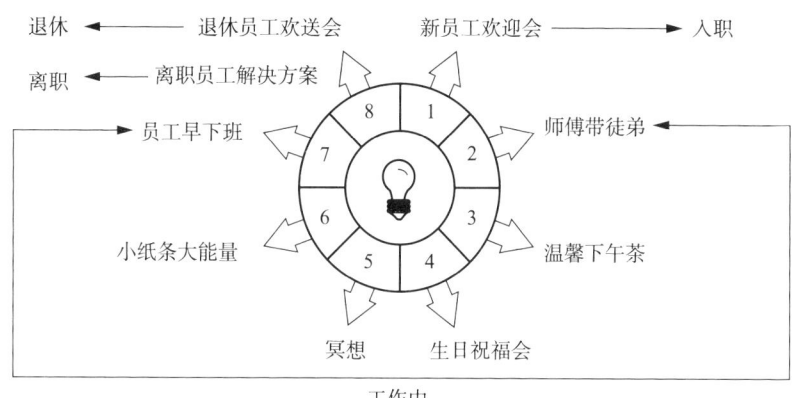

图2-10 有温度的关怀项目

如图2-10所示，钻石经营模式对新员工入职、工作中、离职以及退休的状态进行了闭环服务，推行了一系列有温度的关怀项目。对于入职的新员工，公司举行欢迎会，以消除新员工的紧张焦虑情绪，加速新员工的融入。员工工作期间，公司推出了师傅带徒弟、温馨下午茶、生日祝福会、冥想、小纸条大能量、员工早下班等一系列关怀项目，旨在增强员工的归属感和满足感。对于离职员工，公司制订了离职员工解决方案，以便及时了解自身不足，做出对应改善。对于退休员工，公司则会举行退休员工欢送会，表达对他们的感激和敬意。这些有温度的关怀项目共计八个，旨在提高一线员工的满意度，让他们感受到家的温暖。

总而言之，秀强股份的钻石经营模式以客户为中心，致力于为一线员工提供服务，帮助他们解决生产生活中的问题，从而有效提高他们的生产积极性。

第三节 钻石经营模式的落地

任何一种模式的迭代更新及推广都不可能一蹴而就，需要在前期投入大量的时间和精力进行推动。这包括转变思想意识、调整组织架构以及将目标分解到每个一线员工，调动每个员工的积极性，共同经营家庭组并最终实现目标，从而实现钻石经营模式的成功落地。

一、钻石经营模式推行基础

企业以用最小的成本获取最大的效益为目标，但往往只关注成本和效益，忽视了一线员工的贡献。钻石经营模式则注重提高员工的满意度，让员工快乐工作、快乐生活，同时最大限度地调动员工的主观能动性和工作积极性，从而改善经营结果。这是钻石经营模式的核心思想。

秀强股份通过对所有分厂进行调研和走访，总结了所有分厂的共性问题，并在经营模式2.0基础上打磨钻石经营模式。

所谓万事开头难，要顺利推进钻石经营模式，首先需要转变管理人员的意识，由指挥控制转变为服务意识，以一线员工为中心，更加重视生产经营的创造者，同时也要增强员工家庭组经营的意识。

其次，需要建立新的薪酬绩效体系，实现生产标准化、薪酬合理化以及绩效激励化。这样才能更好地激励员工，提高员工的工作积极性。

再次，通过有温度的关怀项目，让一线员工快快乐乐工作，高高兴兴回家，将公司当成自己的"第二个家"。这样才能让员工感受到公司的关怀和温暖，增强员工的归属感和满意度。

最后，通过为员工提供生活保障，包括解决单身问题、子女教育问题、家人看病问题以及晋升问题，让员工看到在公司有更好的发展前景。这样才能更好地吸引和留住优秀的员工，让他们更加积极地投入工作。

二、思想意识转变——组织架构与岗位职责变化

人的思想意识转变是一个漫长且困难的过程，但只有当员工的思想意识真正转变并与企业文化的价值观保持一致时，钻石经营模式才能得到更好的推广并取得成功。

因此，首先需要转变管理者的指挥管理意识，形成以一线员工为中心的服务意识。在钻石经营模式推进之初，秀强股份需要首先改变原有的组织架构，将自上而下的管理指挥转变为自下而上的服务，即构建钻石模型。同时，也需要改变原有的岗位名称，增加新的岗位职责，使分厂所有员工都意识到管理人员和一线员工角色变化的深刻含义。

从钻石经营模式可以看出，公司部分岗位已发生变动，岗位名称、性质及职责也发生了相应的改变。以前，秀强股份十分注重指挥和管控，侧重命令员工执行任务并对该过程进行监督。而在新的组织架构中，秀强股份转变了这种观念。他们结合优秀传统文化、红色文化及先进的社会文化，通过"三文化"的融合与深入思考，更加重视服务员工。以往公司可能更关注结果，仅仅关注最终产品是否达标。而现在，秀强不仅重视结果，也重视过程，在管理过程中帮助员工解决问题以获得良好的经营结果。同时，想方设法为员工提供优质的服务。

崇孝园 3

在钻石经营模式组织架构中,每个岗位的角色都发生了显著的转变,形成了新的岗位职责。

家人:对于一线员工来说,他们在之前的组织架构中每天都要做大量的工作,若遇到问题无法及时反馈或问题得不到及时解决,则可能对生产过程产生严重影响,甚至会降低产能。然而,在新的组织架构中,每个一线员工都拥有自己的小家庭,这些家庭以工作单元为基础进行划分。员工之间相互协作,共同完成工作目标。每个家庭都像一个独立的细胞,自主经营并管理。每个家庭都有自己的名称、宣言以及家长。家长负责为家庭及其成员提供服务,带领成员实现工作目标。当家庭成员在工作或生活中遇到困难时,家长需要负责解决。

家长:根据工作单元划分,各分厂创建了多个家庭小组,每个小组都有一个家长。家长为自己的家庭成员负责,带领家庭小组越做越好。钻石经营模式的根本是每个人都是自我经营者,每个家庭独立经营。

经营管家：根据各分厂的实际情况，经营管家由分厂自行确定，可以是一道工序安排一个经营管家，也可以是多道工序安排一个经营管家。其主要职责是服务家长和生产线上的家人，主动解决他们的问题。过去，生产线上的员工通常需要向班组长反馈问题然后等待解决，但是经营管家则要主动去寻找问题并解决，以确保幸福家庭小组的各项指标得以顺利完成。当遇到需要动用资源才能解决的问题时，经营管家应向资源保障部门及大管家寻求支持。此外，经营管家还需制定工艺标准、优化生产工艺，以及培训新员工等。具体职责详见表 2-1。

表 2-1 岗位职务说明书

No.

部门	×××分厂		岗位名称	管家（经营）
任职要求	学历/专业		中专及以上学历，管理类专业优先。	
	技能要求		经过班组管理培训，有良好的沟通及组织统筹技能。	
	经验要求		具有 2 年以上管理工作经验。	
	其他要求		性格外向、乐观开朗，抗压能力强，有较强的执行力；身体健康，25~40 岁。	
岗位目标与权限	保障幸福家庭小组完成经营指标；工艺优化与标准制定。			
岗位职责				
1. 服务幸福家庭小组的各项指标实施，确保指标完成； 2. 对幸福家庭小组员工进行作业指导及技能提升培训； 3. 协同资源保障制定对应工序的作业指导书、工艺指导书、检验指导书及标准安全指导书； 4. 发现并收集幸福家庭小组生产过程中出现的问题，整合资源保障生产； 5. 根据生产现状进行工艺改善和优化； 6. 对培训、标准制定、工艺改善等过程进行标准固化并输出； 7. 负责对授权范围内的相关事务进行决策和处理； 8. 完成领导交代的任务。				

注：本岗位职务说明书自发布之日起实施。

资源保障部：资源保障部包括计划管理、质量管理、安全管理、技术科以及设备管理，这些部门的主要职责是提供所需的资源并协助管家解决家人和家长提出的问题。在新的组织架构中，公司摒弃了以往的管理名称。计划管理被称为计划管家，质量管理被称为质量管家。

大管家：大管家就是整个大家庭的一家之长，服务整个大家庭，负责为整个大家庭提供各种资源和帮助。与厂长岗位不同，大管家的职责更多地在于服务家庭成员，在思想意识上实现从控制指挥到服务的转变。

三、家庭组的成立

在持续转变员工思想观念的同时，秀强股份着手构建新的组织架构，以确保全体人员切身感受到钻石经营模式的意义所在。而组织架构的核心基础在于家庭组，将若干名一线员工组成一个家庭组，实行自主经营。

秀强股份根据每道工序的生产特性、作业方式、设备布局和人员定编等因素组建家庭组。每个家庭组都有自己的家庭名称、家庭宣言和家长。家长服务于每一位家庭成员，带领他们经营自己的小家庭，并对自己的家庭组负责。

案例

厨电分厂家庭组的成立

以厨电分厂印刷工序为例。厨电分厂的印刷工序普遍采用高温印刷，且印刷遍数为1~3遍。每台印刷炉设有上片工、印刷工及接片工岗位。无论印刷几遍，上片工和接片工的人数始终为各1名，而印刷工的数量则根据印刷遍数而定。若是一遍印刷，则只需1名印刷工；若是两遍印刷，则需2名印刷工。每台印刷炉都独立生产运行。因此，根据印刷遍数和印刷炉的不同，将印刷工序的小家庭进行划分。此外，每个班组有

6位成员负责洗片工作，因此他们被划分为一个独立的洗片小家庭组。

家庭组：印刷工序中的一、二、三遍炉共6台，每个班有一个洗片组，因此一个班7个家庭组，共14个家庭组。

家长：印刷工对于印刷工序起着重要作用，整台印刷炉需要印刷工与上片工和接片工相互配合进行生产。

厨电分厂某个家庭组的家庭名称、家庭宣言、家庭成员及家庭家长展示如图2-11所示。

图2-11 厨电分厂家庭组的成立

各工序均依照此方法设立了家庭组，同时新的组织架构中也增设了全新的服务岗位——管家岗位。管家岗位在组织中具有关键作用，对下服务一线家人和家长，对上寻求资源。因此，针对管家岗位的人选，秀强股份也一直在探讨如何选出既能优质服务员工又能合理调配资源的人才。最终，确定了以下的选人流程。

1. 发布招聘信息

秀强股份采取公开招聘的方式，对经营管家、关怀管家和安全品质保障管家进行选拔，只要符合招聘要求的家人均可报名。公司前期先向管理团队和班组长进行了宣贯，明确了分厂即将招聘一名关怀管家，以及针对每道工序招聘一名经营管家和两名安全品质保障管家。在宣贯过程中，着重强调了管家岗位的重要性和服务意识，并介绍了新的组织架构及各岗位的职责和要求。这样做的目的主要是让管理团队将原有的管理指挥意识转变为新的服务意识。报名时间为3天。

2. 汇总报名人数并通知班组长全员参与旁听

在发布竞聘信息后，有多位优秀的班组长积极响应，参与磨边经营管家的竞聘。共有4位候选人参选，他们都是在磨边工序中表现优秀的员工。在确定竞聘人员后，分厂立即确定了竞聘的日期、地点以及参与人员（班组长全员参与）。

3. 竞聘

为了保障竞聘公平公正，确定了如下流程：

A. 抽签决定竞聘顺序：竞聘者进行竞聘演讲，其他竞聘者则在旁边的会议室进行准备。待演讲结束后，下一名竞聘者再到现场进行竞聘演讲。

B. 竞聘者演讲：竞聘者围绕自我介绍、岗位认知以及岗位规划三个方面进行演讲。

C. 评委现场提问：评委针对竞聘者的特点以及岗位的职责和性质有针对性地对竞聘者进行提问（如期望薪资、竞聘上如何进行资源协调和匹配、磨边工序最大的问题是什么、不在岗的夜班如何处理突发问题等）。

D. 评委现场打分：评委根据岗位的职责要求制定了标准化的竞聘评分表，根据考核维度对竞聘者的表现进行评分。

4. 生产线访谈调研

钻石经营模式主要在于管理者服务意识的转变，而管家岗位的设立则是为了更好地为员工提供服务。因此，在竞聘完成后，还要进行一个最重要的环节——生产线访谈调研。

对优秀候选人进行评分并不能直接确定最终人选，因为评分结果只能说明竞聘者的问题解决能力、资源匹配能力以及个人能力的强弱，但无法得知他们如何服务于一线员工以及一线员工是否能够接受他们。毕竟，最终需要服务的对象是生产一线员工，只有他们才知道自己最需要什么样的管家。因此，公开竞聘和面试只是确定部分人选，最终还需要深入一线，对生产一线员工进行访谈调研，听取他们的想法，确定最佳人选。

访谈调研采取的方式是采访一线的家人和家长，这几位竞聘者想竞争经营管家这一职位，他们倾向于哪一位，并谈谈自己的想法。通过这种访谈方式，公司了解了一线家人更多的想法。在选择心仪的管家时，员工和家长们表达了很多自己的看法。例如，竞聘者 A 虽然技术能力出色，但在处理员工关系方面有所不足，当员工反映问题时，他不能迅速妥善地解决；竞聘者 B 可能在技术上并非最顶尖，但他能够设身处地地为员工着想；竞聘者 C 技术精湛，有责任心，考虑事情全面；而竞聘者 D 则表现得中规中矩。

在访谈过程中，笔者发现了一个有趣的现象：绝大多数员工和家长都选择了同一位竞聘者，并且这位竞聘者在整个竞聘过程中获得了相当高的分数。这进一步印证了公司高层与一线员工的判断是准确的。

5. 全员宣布竞聘成功的管家

公司通过公开竞聘和实地访谈的形式，最终确定竞聘成功的管家名单，并在分厂全员大会上进行宣布。

通过这种方式，分厂的各工序成立了若干个家庭组，每个家庭组有自己的家庭名称、家庭宣言、家庭成员、家长，同时各工序还会有一名管家服务于每个家庭组。

通过成立家庭组以及管家的竞聘，秀强股份搭建起了新的组织架构，具体如图2-12所示。

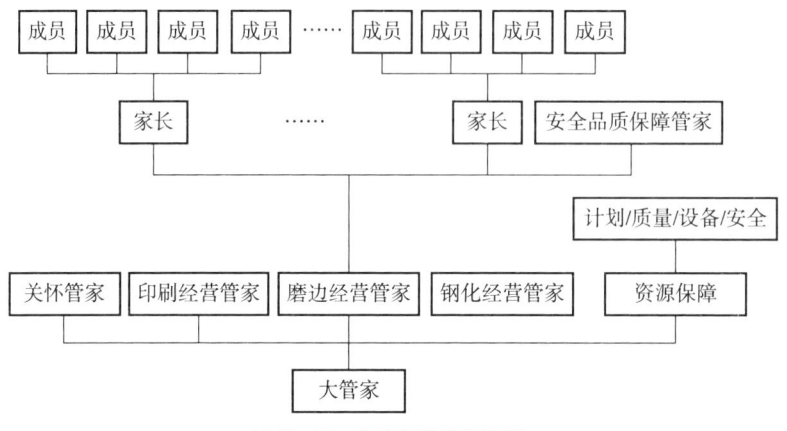

图2-12 家庭组的组织架构

在图2-12的组织架构中，每道工序划分为多个家庭组，每个家庭组都有一个家长，家长服务于员工并对员工负责。取消了班长这一岗位，新增了大管家、经营管家两个岗位服务于家长和员工，致力于解决家庭组出现的生产问题和生活问题。

四、目标分解

所有经营模式都是为效益服务的，企业的本质也是为了获取更多的效益。大多数企业是通过最大限度地压榨员工来提高产量，短期内可能效果显著，但长此以往，会极大地引起员工的不满，最终效益提升不了，员工负面情绪很大，企业形象一落千丈。

钻石经营模式则完全不同。钻石经营模式将优秀传统文化、社会先进文化以及红色文化相结合，以一线员工为中心，服务员工，让员工"快乐工作，快乐生活"。员工的能动性和积极性提高了，产品自然也越来越好，产量越来越高。

同时，在钻石经营模式中，秀强股份将事业部目标分解到分厂，分厂目标分解到各道工序，各道工序目标再分解到各个家庭组，每个家庭组朝着自己的目标奋斗，让每一位家人都有奋斗的动力，共同经营好自己的家庭。家庭经营好了，分厂自然就好；分厂好了，公司的效益自然就高。因此，制定目标对实施和实现计划具有重要意义，目标的确立、分解和匹配显得尤为重要。

案例

厨电分厂如何进行目标分解与匹配

下面以厨电分厂为例，阐述钻石经营模式中目标的分解与匹配（如图 2-13 所示）。

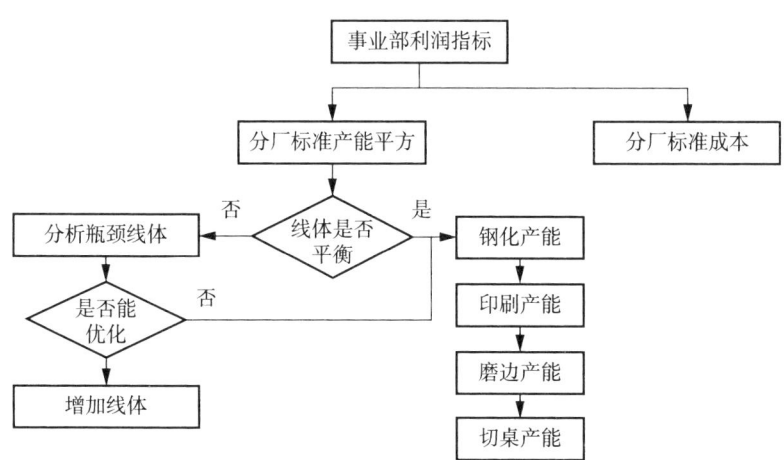

图 2-13　厨电分厂的目标分解与匹配

第一，确定事业部利润指标：公司年度方针目标论证确定（利润÷利润率）。

第二，确定分厂目标成本：分厂的目标成本主要由人工成本及制造费用组成。

第三，确定分厂标准产能平方目标及各工序标准产能目标：厨电分厂根据利润指标来确定各自的标准产能平方目标（销售额÷均价），通过标准产能平方与现有分厂产能及线体进行对比分析和目标匹配。厨电分厂工序齐全，涉及切片、磨边、印刷、钢化以及包装等，各道工序自上而下相互衔接生产。分厂标准产能平方分解给各道工序时有如下两种情况：

第一种情况，当现有的线体满足分厂的目标标准产能平方时，秀强股份将分厂的标准产能平方进一步进行目标分解，按照后拉式的生产方式将标准产能平方目标依次分解给钢化、印刷、磨边以及切桌等工序，确定每道工序的每天、每月以及年标准产能平方。各道工序的标准产能平方根据每个作业单元实际进行的标准产能测算获取。

第二种情况，当现有的线体满足不了分厂的目标标准产能平方时，分厂服务团队则会分析现有的瓶颈线体是否能够优化。当线体能够优化时，可以通过增加线体的方式来解决，从而满足分厂标准产能平方的目标要求，然后将目标依次分给各道工序。当瓶颈线体不能被优化时，则只能根据现有的各工序标准产能进行分配生产。

第四，将家庭组与目标捆绑：钻石经营模式的最大特色就是成立家庭组，每个家庭组独立经营，各道工序会组成若干个家庭组。在目标分解到各道工序以后，各道工序的管家也会将本工序的目标分解到每一个家庭组，让每个家庭组与目标相捆绑，家长带领自己的家庭成员共同实现目标。当家庭组现有经营能力达不到目标时，管家、家长及家庭成员则需要不断思考创新，比如控制成本、创新改善等。大家朝着同一个目标不断前进，共同出谋划策，共同完成经营目标。

第四节　钻石经营模式的推广

钻石经营模式自 2021 年 3 月开始，经历了共三个阶段：探索与形成阶段、初步推广阶段、全分厂推广阶段。

一、钻石经营模式的探索与形成

第一阶段是钻石经营模式的探索与形成。钻石经营模式第一阶段是在公司的厨电一分厂和二分厂进行探索，结合公司文化及二次创业的目标不断寻找新的经营管理模式，在厨电分厂深入了解分厂的问题和员工的诉求，形成了以"家庭组"为单位的最小经营体模式。员工自己经营，形成了新的模型——钻石模型，产生了新的岗位——家长和管家。最终形成了由新的薪酬绩效体系、有温度的关怀项目以及未来有希望三大块组成的钻石模型的雏形，为后面的优化、完善和推广奠定了基础。在这个阶段，初步形成了钻石经营模式的整体规划和实施方案。

二、钻石经营模式的初步推广

第二阶段是钻石经营模式初步推广阶段。在这个阶段，公司开始在四个分厂推广钻石经营模式。

钻石经营模式在厨电分厂经过七个月的探索与打磨，初步形成，公司也意识到新经营模式的重要性，因此不断完善和推广钻石经营模式。第二阶段的落地与推广，分别在彩晶一分厂、彩晶二分厂、新能源分厂以及家电三分厂进行。在这个阶段，钻石经营模式进一步优化与固化，同时也增加了很多新的内容，如创新（全员创新与分厂改革项目）以及6S管理，同时也丰富了有温度的关怀项目。在这个阶段，钻石经营模式经过优化、改善，逐步固化。

三、钻石经营模式的全分厂推广

第三阶段是全分厂推广阶段。在这个阶段，公司在全分厂范围内对钻石经营模式进行了全面的推广，所有分厂皆按照第二阶段固化的钻石经营模式实施操作，并对钻石经营模式的整体规划和实施方案进一步细化和优化。

通过以上三个阶段的推广和实施，钻石经营模式取得了显著的经济效益和社会效益，为公司的长期发展做出了重要的贡献。

第五节 钻石经营模式的收获感悟

一、让员工看到了希望，让家人有归属感
——彩晶一分厂大管家 王文志

钻石经营模式的导入，通过标准数据的测算和统计，使公平、公正真正落实到一线，让员工看到了希望，不断发掘自驱力。

1. 服务保障型管理理念的转变

从指挥管理到服务理念的转变需要改变自己的思维方式。服务员工要保持阳光心态，努力改变自私行为，形成"你帮我，我帮你，你不帮我，我还要帮你"的氛围，让家庭组成员感受家庭的温暖，有归属感，并持之以恒地当好员工的服务员。

服务保障型管理理念的转变需要了解员工需求并用心解决问题，让员工打消顾虑并全心参与生产。分厂成立家庭组经营后，从家人的利益出发开展工作，不再通过延长工作时间来获得更高报酬，而是通过用心服务、有温度的关怀，让家人可以多点时间休息，实现快乐工作、快乐生活的目标。

2. 现场是改善的源泉

现场是改善的源泉。家庭组服务保障人员需要深入一线观察、思考

家人的工作环境和方法,并挖掘现场新的问题点,将其变为创新点和改善点。通过自己的创新改善,给家人带来最贴心的福利,做到对员工有温度的关怀。

现场清扫和整理不仅能带来身心愉悦,还能激发员工对工作和生活环境之美的认同。美丽、洁净的工作环境更能激发所有员工的自驱力。

通过家庭组的建立和6S的践行,提升员工素养,激发他们的自驱力,最终提高分厂的整体管理水平。让家人们有更多的成就感,共同奋斗。

作为员工的服务员,工作中去做自己应该做的事情,并践行自己的职责。通过现场5S、工装、物料、网版改善活动,从源头为员工办实事,用良知服务家人,已经在每个人心中落地生根。

大管家应该以服务好家人为目标,付出不懈努力。虽然过程中会有困难,但只要克服困难,就会迎来鲜花盛开之时。

3. 建立家人般的信任感

在工作中做到无条件信任是很难的。通过更多有温度的关怀、合理的薪酬制度,人与人之间建立起家人般的信任感,有助于降低因内部沟通、协调带来的成本。团队中的信任水平提高,效率也会得到提高。

家是温暖的港湾,启航家庭应该像真正的家庭一样,关注家人的需求,营造和谐、向上的氛围,提升员工的幸福指数和获得感。

在家庭组中,大家责任分工明确,互相关爱,管家用心服务家人,解决家人的问题,让员工有家的归属感。管家在服务家人的过程中,也获得了成长和快乐。每位家人都能够在家庭组中找到自己的定位,对家庭组产生情感依赖。

4. 钻石经营模式的导入，带给员工的实惠

钻石经营模式导入后，资源保障部门、管家及家长从各自岗位出发服务好家人，家人用心做好产品，最终以优质产品服务好客户。

经营好家庭组对家长起鞭策和激励作用，促使他们用与核心服务团队相同的思维方式与热情去服务一线员工。

钻石经营模式为全体员工带来实惠，家庭组成员间明确分工、无界限互补协作，全心工作，共同成长。启航家庭做好服务工作，让家人在工作中得到家庭、客户的认可，收获自信与快乐。

钻石经营模式鼓励家人寻找身边亮点行为、良好习惯、正能量事迹，用积星表彰鼓励家人，形成正能量家庭氛围。

管家最基础的工作是服务好家人，深入一线寻找问题、解决问题、思考创新办法，用创新成果让工作更加顺利。每天用心跟进，持之以恒，未来所有的家庭一定都不平凡。

5. 解决员工最关心的问题

启航家庭员工关心的问题：休息环境，工作中的公平、公正以及计划达成100%情况下的休息时间。

家庭组服务团队采取以下措施：

第一，快速建成三个标准统一的休息室，提供舒适的休息环境，做好冥想和养生茶服务，营造家的氛围。

第二，推进"小纸条大能量"专项工作，接受家人对服务团队的批评，实现公平、公正。

第三，分厂在标准产能指导下，以管家为主导，各服务管家分工服务家人，确保达成100%计划的情况下员工能获得更多休息时间。未来目标包括增加包装和印刷工序的休息次数，并提供下午茶福利。

踏踏实实做事，增强家人的归属感，是管家的工作方向。钻石经

营模式已成为启航家庭经营的得力助手，实践了"服务员工"的工作理念。

分厂在钻石经营模式落地过程中得益于家人的包容、支持和陪伴，才能顺利推进项目并取得现在的成果。推广钻石经营模式，分厂以"标准产能"为切入点，延续下午茶和红太阳积星评比机制，提高员工的自驱力。服务管家持续做好员工服务工作，及时解决焦点问题，营造家的氛围。

总之，秀强股份通过导入钻石经营模式，在转变管理方式、关注员工需求、建立信任感以及加强团队协作等多方面的努力，公司成功地营造了和谐、高效且富有活力的工作氛围，让员工拥有幸福感和获得感，同时也促进了团队的稳定发展和业绩的提升。

二、最大的利他就是利己

——彩晶二分厂大管家　徐威

在当今快速发展的时代，与时俱进已经成为公司必须坚守的信条。无论是钻石经营模式的实践，还是薪酬制度的设计，都是公司在不断探索、改变、创新过程中的重要成果。公司要敢于尝试以往没有试过的管理方式，即使失败，也是给公司自动化生产管理积累经验。但在这个过程中，公司需要充分做好评估，确保每一个决策都是理性的、科学的。

1. 坚守根本，创造价值

分厂是我们创造价值的场所，减人增效、控制成本、创造利润是我们始终紧绷的主线。同时，我们也要做好有温度的关怀，让硬件和软件同时发力。我们要了解员工的难点和痛点，解决他们在工作中遇到的问题，帮助他们减轻劳动强度，提高工作效率。例如，对于后道工序，我们可以通过改进工艺、优化流程等方式，减少员工的二次修正工作量，提高产品质量和生产效率。

人不再是管理和指挥的工具，而是共同协作、团结的伙伴。关注创造价值的人和关注创造价值的产品同样重要。不论是自动化还是半自动化，都需要人的主观能动性。如何调动人的能动性？钻石经营模式可以逐步解决这个问题，唤醒员工的自驱力。

2. 有温度的关怀，温暖每一个员工

管理上没有一招吃遍天的方法，只有适合当时环境的方案。我们要根据实际情况不断调整、创新，与时俱进。例如积星方案就是一个理念的转变，让员工有奖品的选择主动权，这就是有温度的关怀。

分厂提出口号："员工服务做得好，不愁工作做不好！"如何做好服务？首先要解决员工在生产过程遇到的问题，帮助员工提高产量达成率和质量成品率，让员工的收入待遇得到保证，让他们无后顾之忧。改善生产环境，提升员工福利。例如提供安全的下午茶场所，让员工在休息时能够舒适地享用美食，同时能感受到公司对员工的关怀和尊重。设立"科室 ♥ 服务"活动并建立跟踪表每日公示，让员工在就餐时能看到并共同监督我们的行动。这些具体行动能够将公司的关怀和温暖传递给每一位员工，让他们能全身心地投入到工作中去。

3. 改变思维方式：从被动接受向主动付出转变

思维方式的转变是从被动接受到主动付出的关键。通过深入理解公司推行的荣誉奖章挂胸前活动，分厂积极营造"荣誉挂胸前、行为更规范"的氛围，并将此活动延伸到分厂的家庭组管理服务中。

分厂有时候订单不饱和，无法发挥自动化的优势。作为管理服务人员，要树立"管理无松懈、服务无淡季"的思想。生产最怕的就是淡季，由紧向松易，由松向紧难，而且松懈容易引发很多问题，尤其是安全生

产。为了保持"旺季的工作状态",分厂采取了导入"自动化小时效率"的概念,通过设定定额生产时间,到时间关闭动力电源,将工作时间从原来的 12 小时满班向 8 小时、9 小时压缩。这不仅降低了生产成本,还为下半年分厂 MAS 系统建设奠定了基础。

服务和管理是双向的,就像利他和利己一样。我们通过开展诸多的活动,深入一线了解员工的需求,通过交流沟通,双方都能更多地了解对方的需求,员工所想所盼,就是我们努力服务的方向。服务员工的同时自己的能力也得到提升。俯下身、事好办;现场美观、榜样无限。

通过这些活动和措施,员工与分厂相互理解、相互支持,形成了良好的团队精神,这种团队精神将成为分厂未来发展的强大动力。

4. 存在的终极价值就是做好产品、创造价值

钻石经营模式的落地是一个从学习到不断总结的过程,其中核心的薪酬制度已初步成型。分厂一直在努力改变,以适应公司的需求。分厂的初心不变,其终极任务是做好产品、创造价值。

生产分厂的终极价值是为公司创造最大的利润,而员工进厂工作的根本目的是合理地付出从而获取合理的报酬。钻石经营模式在员工和分厂两个根本目标之间寻找平衡点。

分厂只有在不断运行、反思、总结中才能为公司创造更大的价值。公司是员工发展的平台,问题是员工存在的意义,员工是公司前进的基础。珍惜平台、领悟意义、夯实基础,是分厂员工前进的方向。

5. 解决困惑、满足需求、给予希望

服务的本质是处理问题、成长和进步的过程。在服务员工的同时,也要提升自己的服务意识和能力。在服务过程中,要能承受压力和委屈,全心全意为家人创造福利,以有温度的服务打动人心。

对钻石经营模式的学习，从照着学、试着推，再到结合实际情况总结自己的特点，大家从懵懂到认同核心含义，坚持下来就是胜利。

分厂存在的价值是节约成本、创造利润，任何模式都不能改变这个核心。解决困惑、满足需求、给予希望是我们推行钻石经营模式的方向。钻石经营模式带来"管理＋服务"的新模式，也是推动力，倒逼我们思考、改善、进步。

员工希望分厂在保障生产稳定的同时带来额外福利。例如分厂3月上旬举行的集体生日会，拉近距离，了解真实问题，有针对性地解决问题。

管理和服务的根本是满足服务对象的基本需求，站在对方角度思考。作为生产单位，分厂的经营最终要回归人本身，因此要为员工提供舒适的硬件和软件环境，留得住、干得好。

工作中少折腾员工，让一线人员在正常工作时间稳定生产、不重复劳动。服务人员做好产前评审，让员工行为在设计结果中完成。

改善环境让员工被认可，尊重和激励引导员工提高积极性。例如温度高时，分厂结合自动化特点提出"围着空调看印刷，结果依然顶呱呱"的口号，提升班组能力、做好每日产前评审，让员工在舒适的环境中保质保量地完成工作。

员工对未来有希望才会积极努力。薪酬方案是推力，未来希望是引力。通过对厨电二分厂进行现场学习找到差距，坚定钻石经营模式扎实落实的信念。在项目推进的瓶颈期，要思考岗位价值在哪里。员工的需求是努力的方向，尤其是改善向员工说"不"的行为，只有"被认可"才能让员工在改善过程中找到归属感。

6.钻石经营模式推广的意义

钻石经营模式的推广解决了员工拖班和轮换岗位的问题，通过实施"7-7工程"项目，前后道的员工同时上下班，员工笑脸更多，工作时心情愉快，生产积极性提高。分厂服务团队感受到要实现有温度的关怀就要与员工站在一起，及时解决员工的问题，将员工视为家人和客户。

钻石经营模式得到家庭组的支持和理解，员工被认可，有成就感，工作更顺畅。服务好家庭组需要关注他们的心情，站在他们的角度了解需求，充分沟通并参与项目，营造正向氛围。

分厂推行钻石经营模式取得阶段性的成功，但关键时刻不能掉以轻心，要通过种种努力实现员工的愿望，让他们通过公司平台实现小小心愿。想员工所想，做员工想做，用家的观念引导员工互帮互助，积极向上。

钻石经营模式推进的核心在于家长的理解和服务能力，分厂计划对家长进行沟通、协调、家庭组管理等能力的培训。钻石经营模式的推行使一线员工和服务团队受益，一线员工找到问题的根本，专注于执行和生产，生产异常减少，心不再堵；服务团队在解决问题和满足需求中提升能力，体会到"最大的利他就是利己"。

筑梦家庭推行的服务宗旨是"行动一厘米比畅想一公里更有意义"，计划和措施不如现场动起来，微笑鼓励和大拇指表扬都是尊重和认可。

7. 由管理向服务转变的思想观念

随着钻石经营模式的深入推进，由管理向服务转变的思想观念已被管理人员接受。

分厂利用网络平台制作调查问卷，引导员工说出自己的心声，服务不仅是由外而内，也要由内而外，既要创造舒适的硬环境和软环境，也要让员工有稳定的保障和可以积极向上的道路。

钻石经营模式在彩晶二分厂落实，为了把员工关怀做得更扎实，坚持每月搞一次"员工调查问卷"，多听听一线人员的真实声音，让员工感受到管家的用心,提升归属感,更好地服务客户。

在钻石经营模式实施过程中需要思考如何能让员工开心地上班、顺心地完成生产任务、安心地下班回家,需要思考员工的薪酬制度、下午茶和休息等措施。

"小事"做得好,经营结果才能节节高。

8. 二次创业的重要实践

钻石经营模式是二次创业的重要实践,秀强股份创始人卢秀强指出了"文化引领、人才先行、技术创新、合作共赢"的战略方向。"员工服务做得好,工作不愁干不好",这是分厂启动运行钻石经营模式时提出的口号。

提升一线员工的归属感是关键,通过稳定、透明、可晋升的薪酬制度,重视员工反映问题的团队态度,实现小梦想的希望,员工的积极性、效率得到提升,成本下降。钻石经营模式运行的效果,数据是最好的证明。

深入推进钻石经营模式,新工资方案已确定,寻找异常点确保平稳切换。推行"标准能耗"工作,通过数据证明指标的准确性,为树立"以生产为中心"提供数据支持。改善现场硬环境,重塑软环境,培养员工激励导向,通过激励和绩效引导自驱力。6S不只是打扫卫生,还是习惯的养成,对质量、效率、安全、团队建设都有促进作用。预算管理对比定额找差异,提前管控"差异",学会经营,把盈亏掌握在自己的手里。重复做好的事情,用真诚和坦诚对待员工,不讲大话,脚踏实地。

钻石经营模式让我们从粗犷式生产向标准化、规范化转变,规范员工行为习惯,从贴一个标签、擦一片玻璃、说一句暖心话开始。

三、问题即是改善点，是努力的方向

——家电三分厂大管家　史文娟

1. 如何做好工作？

①团队合作：

强调团队的力量，一个人的能力比不上三个人的智慧。

提倡家庭成员间商量办事，以找到更好的方法解决问题。

强调团队目标一致、信息共享、互相尊重和高度信任的重要性。

②全心全意服务员工：

强调员工需求的满足和问题的解决，帮助员工提高幸福感。

提倡脑快、眼快、手快的员工服务态度。

形成互帮互助的氛围，鼓励更多一线人员参与。

③主动干，提前干：

强调工作的主动性和提前行动的重要性。

推后工作可能导致员工的抱怨。

提前工作可以增强员工的被关注感和幸福感。

2. 如何解决问题？

①挖掘人的潜力：

人的潜力和智慧需要通过实践性体验来不断挖掘，如动手、动脑等。

思考事情的发展趋势、设备的工作原理和改进的目的，可以事半功倍。

②不断学习：

不断学习所需的新知识，以应对未来可能出现的问题。

问题即是改善点：

问题就是改善的切入点，是努力的方向。

总有办法解决困难，问题是可以解决的，不应推脱。

③持续改善：

形成改善的氛围很重要，需要授权家庭组进行有思考性的经营改善，而不仅仅是执行到位。

改善不是一时的活动，而是持续地改善，改善无尽头。

鼓励全员有大胆放肆的想法。

④全员改善：

任何产线的问题都是我们的改善方向。

营造浓厚的改善氛围，让每位员工都积极行动起来参与改善。

鼓励员工积极挖掘自身潜力、不断学习、寻找问题并持续改善，以实现更好的工作效率和成果。

3. 如何做好经营？

①不断竞争：

家庭组之间应形成竞争关系，以促进每个家庭组的提升。

鼓励每个家庭组今天比昨天的竞争有所提升，实现不断提升的良性循环。

②用心经营：

分厂家庭组和工序家庭组成员应用心经营各自的指标和业务。

丰厚的薪酬是通过努力挣来的，而不是靠要求或补给得来的。

鼓励员工用心经营岗位，提升自身价值，从而获得优厚的薪资。

通过营造良好的生产氛围，吸引更多的人才，创造更高的价值。

鼓励员工积极参与竞争、用心经营岗位和工作，以实现更好的业绩和价值创造。

4. 如何管理团队？

①理解与尊重：

只有理解团队成员，才能尊重他们。

尊重团队成员是关心他们的前提。

通过关心团队成员，可以赢得他们的心，并带领团队取得业绩。

②用心引导：

当团队成员有怨言时，要认真分析，了解他们的需求和不满。

有时团队成员的表现可能受到情绪的影响，需要用同理心进行沟通。

管理者的任务是发挥每个团队成员的长处。

③严格要求：

培养自己的坚韧毅力，对团队成员有高标准的要求。

具有同理心，能体会到团队成员的情绪变化。

学会配合他人的情绪，以便更有效地沟通。

④委派工作：

委派任务给团队成员时，采用少命令、多商量的沟通方式。

努力与团队成员建立心与心的契合。

⑤融入团队精神：

分厂和班组需要群策群力来解决问题和完成任务。

通过合作和协作，增强团队的凝聚力，提高效率。

⑥营造良好环境：

良好的环境对团队成员的成长和改变至关重要。

"我先做"和"跟我一起做"比"你赶紧做"和"怎么还不做"更能激发团队成员的积极性和效率。

5. 上下级如何沟通？

管理团队需要引导与培训、建立信任、鼓励表扬、公正对待、留住人才、允许合理犯错、心与心的契合、关心员工、视如家人。

①引导与培训：

需要提前对管家和家长进行引导和培训，提高他们的执行力和沟通技巧。

意识到他们的实际能力与想象的执行力和沟通力之间的差距。

②建立信任：

意识的改变需要过程，要有耐心地建立信任。

确保团队中的每个人都有目标，并且不会掉队。

③鼓励表扬：

作为生产一线的管理者，要善于发现团队成员的长处和努力。

通过简单的肯定和表扬来激发他们的热情，使其取得更好的成绩。

④公正对待：

尽管很难做到完全公正，但至少要确保公正对待每个团队成员。

每个人都希望被认可，因此应该摒弃偏见并学会表扬每个进步员工。

⑤留住人才：

通过营造有"人情味"的工作福利氛围来留住人才，这样可以使员工更具有归属感。

⑥允许合理犯错：

需要区分"避免犯错"和"尝试犯错"的不同。如果未曾犯错，可能需要问自己是否过于保守并错失了机会。

⑦心与心的契合：

通过达成管家与家长、员工心与心的契合来实现更好的沟通。

关键在于相互交流和商量。

⑧关心员工：

对处于低谷的同事及下属给予理解与爱护。这将激发他们以十二分努力来回报。

⑨视如家人：

视每一个团队成员如家人，并一心想着如何让他们快乐。

总有一天会得到回报的。

6. 工作中如何创新?

这段内容主要讨论了创新的重要性以及如何实现创新。以下是针对这些观点的总结。

①创新的价值：

创新不在于投入了多少资金、人力和物力，而在于是否用在了正确的方向上，能否实现其应有的价值。

创新方法如果用在了错误的方向上，那么投入再多也无法实现预期的效果。因此，正确的方向是创新的核心。

②跳出"适应区"：

跳出心理的"适应区"意味着要勇于尝试新的事物和方法，不固守过去。

只有不断尝试新的创新方法，才能使自己在各个方面越来越得心应手。

③创新始于问题：

创新始于观察，通过观察发现问题，然后思考解决问题的办法。

顺序是"观察→思考→发现→怀疑→创新"。这一过程强调了观察和思考的重要性。

④持续进步：

每天都比前一天进步一点点，长期积累便可取得惊人的进步。

通过不断地学习和实践，做同样的事情能比之前用时更少，效率更高。

⑤打破标准化：

创新有时需要打破现有的标准化和框架，以寻找新的解决方案。

把握好未来的目标方向，以此作为创新的宗旨，那么成功就不会很远。这强调了前瞻性和打破常规思维的重要性。

通过总结，可以更好地理解和应用这些观点，鼓励自己在工作中勇于尝试新的方法，持续学习和积累经验，以实现更大的创新和进步。

7. 如何营造"家"的氛围？

这段内容表达了营造"家"的氛围、尊重和激发员工潜力，以及以员工为中心的服务理念对于团队成功的重要性。以下是针对这些观点的总结。

①营造"家"的氛围：

创造一个温馨、熟悉且充满默契的工作环境。

让员工有归属感，视同事为家人。

②尊重和激发员工潜力：

把荣誉留给团队成员，提升他们的成就感。

提供足够的空间和机会，让员工可以施展自己的才华。

这是对员工最大的尊重与支持。

③以员工为中心的服务理念：

分厂家庭组成员是分厂员工的服务员。

帮助员工解决实际问题，站在员工的角度做好服务。

通过关怀员工，激发他们的激情与创意。

人多力量大，从而取得更好的经营成果。

④厨师与幸福感：

厨师如果没有好的心情，就做不出美味佳肴。

如果一心想着如何让一起工作的家人有幸福感和获得感，总有一天会在工作业绩上得到回报。

通过总结，可以更好地理解和应用这些观点，从而建立一个积极向上、高效且具有凝聚力的团队。

8. 家庭组团队的目标

这段内容强调了分厂家庭组应注重引导员工自主思考、发现问题和解决问题，以提升生产效率、降低成本并保证产品质量。以下是针对这些观点的总结。

①"授之以渔"与"授之以鱼"：

分厂家庭组应学会引导员工掌握解决问题的方法，而不是直接解决问题。

培养员工独立思考和解决问题的能力，以实现持续改进和创新。

②尽职尽责，服务家人：

分厂家庭组应尽最大努力为一线员工提供更好的服务。

以服务为导向，促进全员参与改善创新，降低成本。

③主人翁精神与坚持：

培养员工的主人翁精神，使其关注生产效益和成本效益。

在遇到困难时，坚持是员工身上最宝贵的品质之一。

④创新与思考：

鼓励员工不断创新以取得进步。

通过勤于思考发现问题根源，从而解决问题。

⑤感恩与员工服务：

学会感恩，以更好地为员工服务。

通过不断改善员工服务工作，提高生产效率并降低成本。

⑥鼓励发现问题与解决问题：

鼓励员工在生产经营过程中多发现问题。

分厂家庭组团队通过不断改善，多解决问题，以提高生产效率、降低成本并保证产品质量。

⑦经营生产过程：

分厂应与班组管家分享月度经营结果，使其了解并学会经营生产过程。

生产活动不仅是生产产品，还需考虑最低、最优成本。

四、秀强像海，海纳百川

——新能源分厂大管家　苏宁宝

1. 每一次蜕变都是新革命的开始

每一次蜕变都是新革命的开始，其中一定会遇到坎坷和阻碍，甚至会有不适应的情况。这都是正常的，就像公司这两年来所面临的招工难和用工难的问题，需要进行变革和创新。只有通过"推陈出新"，公司才能突破困境。卢秀强在几年前就要求员工去领会和学习鹰的重生，必须改变！事实证明，彩晶在这方面走在改革的前面，已经发生了翻天覆地的变化。

为了实现"秀强人"的"快乐工作，快乐生活"目标，公司所追求的薪酬制度标准化、人文关怀温度化、未来希望目标化不再是梦想。我们要紧密围绕公司项目组，将厨电分厂的管理模式顺利复制到新能源分厂。

分厂的第一阶段基础数据已经基本统计完毕，工序产能之间的差距和特点更加明显。这也暴露出前期管理中很多现实产能预测的不足。随着自动化工序的规划落地，分厂的瓶颈点更加明显。只有把问题找准了，一步一个脚印地落地、突破、改革，才能有更好的明天。

在薪酬基础数据方面，我们要把好关，了解一线员工的需求。同时，让分厂的一线管理人员相互学习、换位思考。分厂管理人员首先要学会做人，只有学会了做人，才能做成事，体会"想要成长就不要脸，只有成长才有脸"的真正含义。

2. 问题点就是创新点

在平时的工作中，我们可以将问题点视为创新点，这些创新点可以成为改善工作的关键。只有通过不断创新，我们才能在竞争激烈的市场中立于不败之地。生产一线是创新的源头和起点，只有深入一线，我们才能真正发现问题，进而解决问题。

为了激发员工的创新精神，我们可以采取一系列措施。首先，让员工将自己的创新改善成果进行展示，这不仅可以增加员工的自豪感，还可以为其他员工提供学习的榜样。其次，给予员工一定的激励，这可以激发员工的积极性，引导和带动更多的员工参与到创新活动中来。通过这些措施，我们可以形成全员创新的氛围，让员工勇于创新、乐于创新。

在产能测算方面，我们需要更加完善测算数据，使数据清晰化。通过实测结合套算工资的方式，我们发现了一些问题，并正在努力解决这些问题。为了让员工更加明白自己的工资结构，我们需要将数据落实，从而稳定人心，减少人员流失。

作为管理团队，我们的任务是做好员工的服务员，深入了解员工的想法和需求，及时给予帮助。通过这种方式，我们可以消除员工在工作中的后顾之忧，让他们更加专注于工作。

通过产能实际测算，我们可以达到薪酬公平合理发放的目的，这可以有效激励、培养和留住人才。通过打破传统的分配模式，让员工清晰地了解自己的工资详细情况，我们可以有效督促员工在岗位上更加认真仔细地工作。

除了薪酬制度之外，我们还需要关注员工的生活问题。只有真正解决了员工的根本问题，才能让他们感受到公司的关怀和支持。为了实现这一目标，我们需要不断地解决员工在生产过程中遇到的问题，并确保每个员工都能得到及时帮助。团队思想的转变是服务的重中之重，我们需要让员工感受到公司的关怀和服务是真诚的、有效的。

3. 钻石经营模式的推动

钻石经营模式的推动正在逐渐深入，我们的管理者正在转变为服务支撑者，将满足一线员工的需求转化为管理人员的自驱力和班长的执行力。同时，薪酬方案的实施也激励员工展示自己的特长，真实地表达自己的想法。员工们意识到，他们的工作不仅是为了企业，更是为了自己的生存和发展。提升员工的岗位技能也是提升他们的生存技能，这不仅让他们更有自信，也让他们在工作中更加稳定。

薪酬方案的实施有条不紊，逐步完善。各班组的管家也在快速进步，带动组员一起成长。红太阳积星活动的推行，激励管理团队去发现和发掘分厂内部优秀、有想法的员工，激发了他们的思维活力，提出了更有价值、更实用的改善想法。

在新冠疫情期间，分厂从细小处满足员工的各种需求，工作中提醒督促，下班后疏导宽慰，力所能及地解决员工家庭及工作上的困难。复工复产后，管理团队时刻相互提醒，让心思回归到工作，把工资发放提上日程。

钻石经营模式推广的深入让我们感受到许多细微之处。从开始的一知半解到现在的顺利进行，既离不开各兄弟部门的支撑，也离不开团队的紧密协作。在接下来的项目推行中，我们将融入和贯彻提升使命感、落实成就感和增强归属感的理念！

4. 践行钻石经营模式，给大家带来幸福

分厂的生存不仅依赖于订单，更关键的是背后执行这些订单的员工。为了增强一线员工的归属感，我们需要持续投入时间和精力。公司推行的倒三角服务让非一线员工也能体验到一线员工工作时的感受，努力落实有温度的关怀，推行家文化，并尽力解决员工在家庭中实际遇到的困难，让员工更加稳定并积极投入工作。

分厂积极推行红太阳积星制度、师傅带徒弟、小纸条大能量、创新献给秀强、欢送退休老员工等活动，充分尊重一线员工。我们通过在官方微博、抖音、视频号等平台宣发实例，让员工在休息时间能够通过另一种视角重温发生在自己身边的事情，感受到这些活动背后的深远意义。公司推行的倒三角服务、有温度的关怀和家文化，将让时间证明一切付

出的价值，每一件事都有其深远的意义。

通过不断践行钻石经营模式，有温度的关怀和服务不再只是停留在口头上。我们从点滴努力中见证了管理团队的思想转变、薪酬制度的落实，让员工看到自己的未来和希望。小纸条大能量活动持续发现问题和解决问题，而师傅带徒弟活动则不断发掘和培养技能工种。这一切都离不开公司及项目组搭建的平台和支持。

5. 有温度的关怀及服务停留在工作的点滴中

我们通过冥想活动，以稳定员工内心。通过钻石经营模式的实施，我们致力于给员工带来归属感，让有温度的关怀和服务融入工作的每一个细节中。我们用道一声问候、送一片清凉的方式，让每一步都走得扎实而坚定。

在新冠疫情期间，班次的调整时刻提醒着我们要将疫情防控安全牢记在心。即使在家中，我们也不忘与员工保持沟通与交流，产线出现的问题也能及时解决，确保员工后期生产顺利。

在限电夜班生产的情况下，我们要求员工在生产异常时第一时间反馈，并寻求外部资源以有效解决问题。这样可以让生产过程更加顺畅，提高产能。

小纸条大能量活动持续改进，通过"自查、自检"的方式，我们努力带动老员工保持积极向上的精神，并让学员快速定岗。

6. 钻石经营模式落地的收益

工作的最终目的是让每个人都能够顺心，而实现这一目标需要我们采取实际行动进行管理，设身处地地体会员工的困难，问自己："如果是自己遇到问题，希望得到什么样的帮助？怎样才能更好地解决？如何更快速地解决？"贴近一线员工，充分发挥钻石经营模式的作用。这是服务管理团队应该做的事情。

秀强像海，海纳百川。只有当一个人将自己融入集体事业时，才能展现出最强大的力量。分厂在组织文化节活动时，通过传统项目拔河比赛很好地证明了这一点。大家心往一处想，劲往一处使，拧成一股绳，这就是钻石经营模式带来的正面效应。让我们一起加油！

通过实施钻石经营模式，我们学会了多角度、全面性地思考工作，不仅要懂得转换角度，还要懂得转换角色。耐心地倾听并解决员工的实际问题，深入挖掘问题的根源。

我们致力于做到日清日毕，提升工作效率，加快工作节奏，及时有效地完成工作任务。

让我们努力成为"台风眼"，营造充满激情、充满活力的工作氛围，形成巨大的能量。这需要我们有气势，能够鼓舞人心、振奋精神。

五、有温度的关怀和服务

——厨电分厂大管家　蔡满

在钻石经营模式的管理实践中，主要产生了这些观点：有温度的关怀和服务、完善流程是实现目标的重要手段之一、家长在整体模式推进中扮演着核心角色、学习和成长的重要性、提高员工满意度、家庭经营模式的效果、站在整个公司的立场考虑问题、沟通是团队协作的关键、全面预算管理的推行以及员工事无小事。这些观点对公司的经营和管理具有重要的指导意义。

1. 有温度的关怀和服务

服务由内心生发，一线家人满怀感恩。在服务中，真诚关心员工是至关重要的。当员工感受到被尊重和被关注时，他们将更加积极地投入到工作中，并愿意为团队的成功做出更大的贡献。

有温度的关怀表现在服务于一线的家人，满足一线合理需求，营造家庭氛围。

这一理念是秀强股份的核心价值观之一，它关注员工的情感需求，旨在创造积极向上、团结友爱的工作环境。这种关怀不仅有助于提高员工的满意度，而且能促进团队的凝聚力和稳定性。通过满足一线员工的合理需求，公司可以更好地激励员工，提高他们的工作积极性和效率。

很多人都会理解偏颇，认为这样会惯坏一线员工。但我们细细深思：谁是经营结果的直接创造者？我们的产品经过我们的手吗？答案是否定的。没有满意的员工，就没有满意的产品，更没有满意的客户。这就是我们服务的根本指向。

2. 完善流程是实现目标的重要手段之一

所有人都想把事情做好，需要完善流程来引导。通过持续改进和完善工作流程，我们可以为员工创造更加高效、有序和富有成就感的工作环境。这将有助于提高员工的满意度和忠诚度，进而促进整个团队的稳定性和发展。

3. 家长在整体模式推进中扮演着核心角色

家长作为分厂项目推进的核心人员，对于倒三角理念的理解和贯彻至关重要。他们的服务能力和沟通协调能力对整体效果的实现起着决定性作用。通过对家长的培训，可以提高他们的专业能力和服务水平，更好地支持和关心员工。

4. 学习和成长的重要性

真正的学习和成长更为重要。通过不断学习和成长，个人和组织都能够更好地应对挑战和解决问题。员工需要不断学习和成长，尤其是在面对问题和挑战时。通过培训和分享经验，员工可以掌握更多的知识和技能，从而更好地应对工作中的问题。

5. 提高员工满意度

员工是公司经营结果的直接创造者，而满意的员工才能带来满意的产品和客户。因此，公司应该关注员工的需求和情感，提供良好的工作环境和福利待遇，以提高员工的工作满意度。

员工满意度的提高往往来自关注细节和提供良好的体验。在日常工作中，关注员工的需求和情感，通过细小的改善来提高他们的工作满意度。

6. 家庭经营模式的效果

爱心募捐活动展示了公司内部团结的力量。通过关注自己和他人，员工能够更好地融入团队和社会中。通过推广家庭经营模式，公司可以增强团队之间的凝聚力和互助精神。这种模式强调互帮互助和共同成长，让员工感受到团队的温暖和支持。

7. 站在整个公司的立场考虑问题

在生产淡季，分厂应该站在整个公司的立场考虑问题，把人员阶段性地协调到其他分厂支援，以避免人员闲置和资源浪费。

在订单较少时期，公平性和及时性至关重要。钻石经营模式的推广拉近了后台资源和一线生产的距离，使得实际问题能够及时得到沟通和解决。这是钻石经营模式带给我们的情感收益，这也体现了公司对于资源整合和优化配置的能力。

8. 沟通是团队协作的关键

家庭组作为钻石经营模式的核心单元，应该加强信息共享和沟通。通过一竿子插到底的方式，让信息直接共享到家庭组，可以增强团队的协作效率和准确性。

钻石经营模式的推广，拉近了家庭组成员、家长、管家、大管家之间的距离。从之前的迎头不吭声到现在的迎面点头微笑；从之前不敢说到现在主动提出问题和建议。为什么？因为家文化的氛围已经变得浓厚，大家从之前的事不关己、高高挂起转变为现在能够站在分厂大家庭的角度考虑问题。

9. 全面预算管理的推行

全面预算管理的推行对于公司的经营控制和决策非常重要。通过试行一个月的全面预算管理，后台资源初步建立了经营意识。在接下来的时间里，团队将集中精力持续深入推行全面预算管理，用数据来校准分厂在经营中的得与失。

10. 员工事无小事

员工的事无小事，后台资源保障团队需要时刻关注员工的反馈并给予正向回应。这将有助于提高员工的满意度和工作积极性，促进团队的和谐发展。

总之，如上观点强调了以人为本、关注细节、持续改进和创新思维的重要性，是现代企业成功的关键因素之一。通过将这些观点付诸实践，公司可以更好地应对挑战和解决问题，实现可持续发展和员工幸福感的提升。

第三章
做有文化的『秀强人』

有文化的"秀强人"是指经过秀强股份培养和熏陶，具备秀强文化特质和价值观的员工。这些员工不仅具备专业的技能和知识，还对秀强股份的企业文化有深入的了解和认同，能够积极参与到公司的发展中来。

秀强股份通过企业文化的培育和推广，使员工形成共同的价值观和行为规范，成为有文化的"秀强人"。这种文化管理模式的提升，有助于提高员工的归属感和忠诚度，增强组织的凝聚力和竞争力。

有文化的"秀强人"是秀强股份文化管理的重要成果之一，也是公司持续发展和员工幸福感提升的重要保障。

第一节　优秀文化育人

秀强股份特别强调的"优秀文化育人，科学管理做事"的理念，表明了公司对中国传统文化在企业管理中的重要性的认识。中国传统文化对于企业管理确实有很多正面作用，主要表现在以下几方面。

一、以人为本

中国传统文化强调人与人之间的关系和人的价值，注重个人的发展和全面的人才培养。在企业管理中,这一理念被应用于员工关怀、人力资源发展和激励机制,使员工感到被重视和被关心,提高员工的工作积极性和忠诚度。

秀强新时代文明大讲堂 1

二、和谐共赢

中国传统文化强调社会和谐与合作,倡导"和而不同"的价值观念。在企业管理中,这一思想可以促进员工之间的团队合作和沟通,营造积极的工作氛围。同时,企业与社会、客户之间的关系也可以借鉴这一思想,实现合作共赢的局面。

三、诚信与廉洁

中国传统文化注重诚信和廉洁的价值观念。在企业管理中,这种价值观可以促使企业家和管理者保持诚实守信的行为,建立良好的企业声誉。同时,它还可以帮助企业建立稳定的供应链和客户关系,提高企业的可持续发展能力。

四、学习与创新

中国传统文化强调学习和持续的自我提升。在企业管理中,这种思想可以鼓励企业家和管理者保持学习的心态,不断改进和创新企业的经营模式和管理方法。同时,这也可以培养员工的学习能力和创新意识,推动企业的发展。

五、稳健与持久

中国传统文化注重稳健和持久的发展。在企业管理中,这种价值观可以促使企业家和管理者注重企业的长远利益,避免盲目追求短期利润而忽视企业的可持续发展。同时,这也可以帮助企业建立稳定的经营策略和风险管理机制。

秀强新时代文明大讲堂 2

需要注意的是，企业管理是一个复杂的领域，涉及多种因素和文化背景。尽管中国传统文化对企业管理有积极的影响，但也需要结合现代管理理论和实践，根据具体情况灵活运用。

六、伦理价值观

中国传统文化强调道德和伦理价值观，如诚信、责任感、尊重、忠诚和谦逊等。这些价值观在企业管理中起着重要的作用，可以促进员工之间的相互尊重和信任，建立良好的团队合作关系，还有助于塑造企业的良好声誉和形象，增强企业与客户、合作伙伴和社会的关系。

七、和谐与平衡

中国传统文化注重和谐与平衡的思想，如阴阳平衡、天人合一等。在企业管理中，和谐与平衡的思想可以引导领导者在组织内部建立和谐的工作环境，鼓励员工之间的合作与共赢。

八、家族价值观

中国传统文化强调家族价值观念，包括尊敬长辈、忠诚、团结、和谐。在企业管理中，这些价值观能够促进员工之间的合作和信任，增强团队凝聚力，并建立稳定的工作关系；可以促使企业管理者注重企业的长期发展，而不仅仅是眼前的利益。

九、尊重权威和长辈

中国传统文化中对权威和长辈的尊重是重要的价值观。在企业管理中，这种价值观可以促使员工尊重上级领导和资深员工的意见和建议，形成良好的管理层级和沟通机制。它还有助于培养员工的责任感和使命感，使其积极参与组织的目标实现。

秀强新时代文明大讲堂3

十、重视人际关系和社会责任

中国传统文化强调人际关系的重要性，倡导尊重和关心他人。在企业管理中，这意味着重视员工的福利和关怀，关注员工的生活和工作平衡，与员工建立良好的关系，以提高员工的工作积极性和忠诚度。

总之，中国传统文化在企业管理中具有许多正面作用，可以帮助企业更好地管理员工和推动组织的发展。当然，在实践中也需要结合现代管理方法和实际情况来应用。

秀强新时代文明大讲堂4

第二节 孝善文化入人心

优秀的企业文化是不会一蹴而就、自动落地的，企业文化建设的客观规律——艰巨性、复杂性、广泛性、长期性、连续性和艺术性——决定了企业文化落地将是一项艰巨的长期任务，需要全体员工的广泛参与。

秀强股份在推动孝善文化的过程中，遵守"熟悉、领悟、遵从、认同、内化"的规律，让孝善文化的理念在员工的工作、学习中如影随形，落地生根，取得实效。

秀强的孝善文化推动方式，分三个步骤：学习、践行和奖励福利。

一、学习孝善文化

百善孝为先。孝老、尊老、敬老、爱老是中华民族的传统美德，是全社会的共同责任，是良好社会风气的形成来源，是涵养家风家规的重要载体。建立幸福社会，离不开孝善文化。

孝善文化为秀强所推崇，一方面在于孝善文化对于传统文化的影响力，另一方面企业管理者的身体力行、引领示范，让员工以孝善为荣、以孝善为美、以孝善为德、以孝善为要。

为了让员工学习孝善文化，秀强股份加强孝善文化的教育、宣贯与培训。孝善文化培训，不断将优秀的文化理念融入"秀强人"的骨髓，促进员工爱国爱家、爱岗敬业，形成良好的企业氛围。

二、践行孝善文化

孝善文化深入人心。秀强股份经常开展弘扬家庭美德、建设良好家风活动，鼓励员工主动践行孝善文化，积极作为、热心参与、身体力行。企业管理者不断进行孝善文化的宣传引导，创新方式方法，示范引领带动，形成企业共识，掀起孝善文化学习和践行的热潮。丰富孝善活动载体，营造全员践行孝善文化的良好氛围，在企业中形成常态长效，让孝善之风在秀强员工家族之间传承。

三、奖励福利

秀强的孝善文化就是弘扬孝亲美德，嘉奖孝子孝媳。在奖励和福利方面，向践行孝善文化的先进个人和家庭倾斜。公司设置一定的物质奖励空间，并且在精神激励、晋升空间上予以优先考虑。在具体的奖励和福利上，秀强逐年评选"十大好媳妇""十大孝子""十佳幸福家庭"等。公司为员工举办集体生日活动、母亲节感恩节活动等。在福利方面，公司提供荣誉人物三大 VIP 福利。通过丰富的奖励和福利，让员工了解公司对孝善文化的重视和肯定程度，并鼓励员工持续践行孝善文化。

通过这三个方面，秀强股份有效地推动孝善文化的传播与落地，并帮助员工形成共同的价值观和行为规范，提高组织的凝聚力和竞争力。

文化践行：秀强股份优秀传统习惯

早上各大门口鞠躬
——秀强股份优秀传统习惯之一

家人，早上好

做工间操
——秀强股份优秀传统习惯之二

拍拍肩膀，我爱你，我爱你；
捶捶背，我帮你，我帮你；
捏捏颈椎，谢谢你，谢谢你；
揉揉肩膀，如果我伤害了你，
大声说：对不起，对不起。

红色影片学习
——秀强股份优秀传统习惯之三

已学习的
红色影片有：
《亮剑精神》
《井冈山》
《海棠依旧》
《英雄儿女》
《国家命运》
等。

"我错了，我帮你"口号
——秀强股份优秀传统习惯之四

我错了，我错了，我错了；我帮你，我帮你，我帮你。

打扫厕所
——秀强股份优秀传统习惯之五

做好员工的服务员
——部门负责人及以上打扫厕所

食堂打汤
——秀强股份优秀传统习惯之六

卢秀强带头为员工打汤

靠右行走
——秀强股份优秀传统习惯之七

文明劝导，形成习惯。

光盘光杯，用餐完清理桌面、椅子归位
——秀强股份优秀传统习惯之八

光盘光杯，从我做起

用餐完清理桌面、椅子归位　　餐余监督，记录改善建议

好媳妇、孝子评选
——秀强股份优秀传统习惯之九

孝子颁奖　　好媳妇颁奖

打太极
——秀强股份优秀传统习惯之十

诵读《弟子规》
——秀强股份优秀传统习惯之十一

晨会，齐诵《弟子规》

6S评比
——秀强股份优秀传统习惯之十二

过集体生日
——秀强股份优秀传统习惯之十三

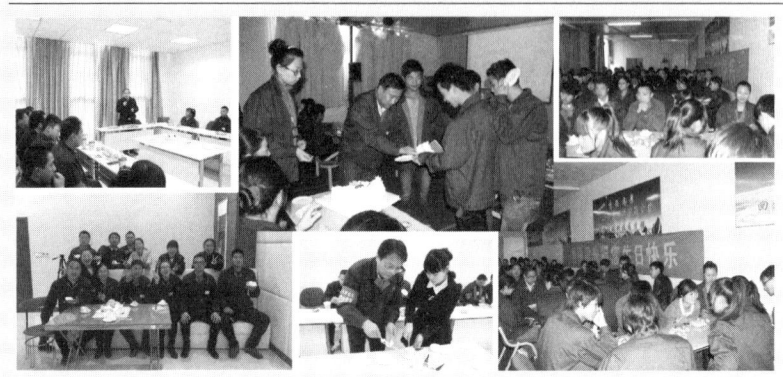

给父母、家属洗脚
——秀强股份优秀传统习惯之十四

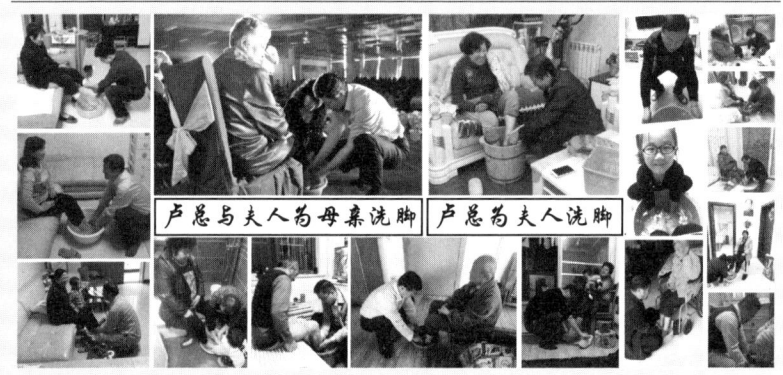

卢总与夫人为母亲洗脚　　卢总为夫人洗脚

给父母送蛋糕
——秀强股份优秀传统习惯之十五

诵读感恩词
—— 秀强股份优秀传统习惯之十六

感恩词

感谢国家培养护佑，
感谢父母养育之恩，
感谢老师辛勤教导，
感谢同人关心帮助，
感谢农夫辛勤劳作，
感谢大众信任支持。

敬老院做义工
—— 秀强股份优秀传统习惯之十七

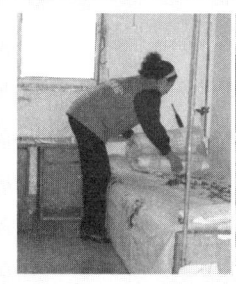

"红太阳积星法"与"比、学、赶、帮、超"结合
—— 秀强股份优秀传统习惯之十八

2015年9月至今红太阳积星排名

排名	姓名	积星	排名	姓名	积星
1	陈秀强	1440	21	徐有利	300
2	马用春	810	22	陆怡锦	300
3	刘家明	660	23	管水之	280
4	卢和生	610	24	丁斌	260
5	陈新坡	600	25	曹强	230
6	彭玉才	600	26	曹亮亮	230
7	张宏卫	570	27	张百元	220
8	高猛	550	28	肖燕	200
9	赵庆忠	530	29	王勇	200
10	周彬	510	30	董玉红	180
11	黄强胜	500	31	高雷	170
12	王顶辉	500	32	韩磊	170
13	蔡同军	440	33	袁野	150
14	朱宫运	420	34	朱冬冬	150
15	赵海峰	410	35	林汉祥	80
16	朱斌	380	36	赵猛	70
17	朱家昌	380	37	陈婷	40
18	段军	380	38	刘娟	30
19	程鹏	360	39	樊灯奎	30
20	方加川	330	40	余宗保	30

红太阳积星抽奖

第四章

企业经营核心KPI：员工幸福

企业经营的核心 KPI（关键绩效指标）中，员工幸福感是一个越来越受到重视的指标。

员工幸福感对于秀强股份的经营和发展具有重要意义。首先，员工幸福感可以提高员工的工作积极性和工作效率，从而提高企业的生产力和竞争力。其次，员工幸福感可以增强员工的归属感和忠诚度，减少员工流失率，从而降低企业的人力资源成本。最后，员工幸福感可以提升企业的品牌形象和声誉，吸引更多的优秀人才加入企业，从而促进企业的长期发展。

第一节　秀强幸福人际关系

秀强幸福人际关系，概括为十六字箴言：对上要敬，对下要慈，对人要和，对事要真。

一、对上要敬

对上要敬。在幸福家庭组，下级员工要尊敬领导、尊敬管家。根据马斯洛需求层次理论，每个人都有被尊重的需求。企业领导也有被尊重和自我实现的需求。而且，能够成为企业领导、管家的人，一定有其值得尊重的能力、资历或水平。下级员工尊重领导，这是建立和谐关系、幸福家庭组的基础。

二、对下要慈

对下要慈。这表示要关心和照顾下属的利益和需求，给予他们必要的指导和支持，以及公正和平等的待遇。通过关心下属，可以建立紧密的团队关系，提高员工的归属感和忠诚度，促进组织的稳定和持续发展。

在幸福家庭组里，一个管家的成功，除了要靠自己的不懈努力，还要靠整个家庭组团队成员的支持，毕竟一个家庭组的业绩离不开团队中所有人的努力。而作为幸福家庭组的管家，要想带好一个团队，除了努力提升业绩，还要适时地关心下属。关心下属的工资薪酬，关心下属的职业发展，关心下属的能力提升，关心下属的生活需求。管家只有用心去关心下属，照顾家庭组成员的需求，员工满意了，才能激发出无穷的团队战斗力。

三、对人要和

对人要和。这表示要保持和谐、友好、合作的态度，尊重他人的权利和尊严，同时积极帮助和支持他人。通过与他人保持和谐的关系，可以营建良好的工作氛围和合作关系，促进组织的创新和发展。

秀强股份一直倡导快乐工作、快乐生活，重视能够同甘共苦、犹如家庭般的信赖关系。这是钻石经营模式成功实施的基本出发点。

钻石经营模式让员工之间建立家庭式的关系，使员工们能够互存感激之心，相互体谅，建立起彼此信赖的伙伴关系，成为做好工作的基础。建立幸福家庭，要求对人要和。要如同家人一般，互相关心和帮助，把同事之间团结互助的密切关系作为经营的基础，家庭组成员彼此间怀着感激和诚意，在相互信赖的基础上开展工作。

四、对事要真

对事要真，就是要精益求精，追求极致。员工要具有工匠精神，对于自己的产品，始终孜孜不倦，反复改进，不达目标不交货。对于幸福家庭组而言，就是要对标工匠在行业内勇争第一的精神，坚定、踏实，经营指标制定之后就要用精益求精的态度去执行。每个人都有无穷无尽的创造力和潜能，只有保持精益求精的态度，才能做出卓越的产品。

总之，这十六字箴言是秀强幸福人际关系的重要概括，它强调了在工作和生活中建立良好人际关系的重要性，以及尊重他人、真诚待人、和谐合作的原则。通过遵循这些原则，可以建立幸福的人际关系，促进个人和组织的共同发展。

秀强幸福小院 1

第二节　先义后利，以义制利

"义"指公正、合理，符合公众利益；"利"指从事生产、交易所得超过本钱的收获。

在"义"和"利"的关系上，孔子把"义"摆在首要地位。他说："见利思义。"意指在物质利益面前，首先应该考虑怎样符合"义"。他认为"义然后取"，即只有符合"义"，才能获取。孔子说："不义而富且贵，于我如浮云。"意思是用不正当的手段获得的荣华富贵，对我来说只是天空的一朵浮云，毫无意义。富贵如不以道义得之，则没有价值。

在义利观方面，秀强股份与孔子的思想不谋而合。"先义后利，以义制利"是秀强的利益观、价值观。秀强秉承着这一价值观，为客户提供极致服务，也深受客户信赖。

卢秀强在经商生涯中，非常看重"诚信合作"。在与客户的合作中，他都信守一条准则——先义后利。他意识到，真正能在产业链上长期保持"隐形冠军"的企业，都是那些参透"利"和"义"的企业。秀强股份的客户，一旦合作就承诺要永久合作。无论是开拓国内市场，还是向国际市场进军，秀强都能赢得客户的尊重和合作，背后离不开秀强对"利"和"义"的理解和贯彻。

稻盛和夫说："用利他之心做出判断，因为站在'为了他人幸福'的立场，所以，能够获得周围人的帮助，也能拓宽视野，因而就能做出正确的判断。要想把工作做得更好，就不能光考虑自己，在做判断时应该顾及周围的人，满怀着为他人着想的利他之心。"

稻盛和夫的"利他主义"体现了一种"义"与"利"的关系。他认为企业的经营发展，要谋求公司的利益，但同时应该谋求国家利益，也就是公益。"义"与"利"相辅相成，而且"义"要高于"利"。稻盛和夫将这种理念贯彻到企业管理的各个方面。

秀强幸福小院 2

先义后利、顾客导向，合作共赢，才是健全经营的基本条件。见利忘义者是成不了企业家的，一个真正的企业家必须利物、利他、利人，把消费者、客户的利益放在首位。健康完整的经济人格是"义利并重"，讲究"义利合一"的。这就是秀强股份将"先义后利，以义制利"作为价值观的重要原因。

第三节 变企业为课堂，育灵魂于无形

变企业为课堂，即秀强通过建立企业文化培训体系和企业文化宣贯机制，开展全员的企业文化培训和针对特定群体的企业文化宣教活动，这是企业文化管理的日常任务之一。

秀强企业文化的宣贯落地是企业文化从"知"到"行"的关键环节。企业文化培训旨在以广泛认同企业文化理念为目标，需要全体员工身体力行，全员参与，全面营造"企业文化人人创"的氛围。秀强通过多种多样的培训宣贯、有效的激励评价机制、高效的运行管理平台逐步将企业文化扩散、渗透到秀强股份经营管理的各个环节，促进秀强理念系统的行为内化，使企业文化成为实施发展战略的强大推动力，增强企业的凝聚力和竞争力。

育灵魂于无形。无形胜有形，对于企业而言，"无形"的企业文化比有形的机器、设备更为关键。秀强塑造优秀的企业文化，进行企业文化教育培训，能够有效地培育员工高尚的"灵魂"。

企业文化教育培训是一种组织传播、一种人际传播。培训内容、培训讲师、培训质量及培训环境，都会直接或间接地影响人的思想与行为。秀强股份创设情境教育，用一种更先进的体验式培训、情景式实践来感染员工的身心和感官，如建立家风家训园、二十四节气灯柱及手印、幸福人生大讲堂、崇孝园、家宴养生堂等文化场所，不断将优秀的理念文化融入"秀强人"的骨髓，使员工在寓教于乐中受到润物无声的熏陶。

秀强幸福小院3

变企业为课堂,育灵魂于无形。秀强通过企业文化宣贯和培训,促使员工与企业同步成长,运用驱动力机制,激发全员的主动性和创造性,激发员工人性的积极面,推动员工自我管理,形成优秀的员工行为文化,促进员工能力与素质的全面提升。

第四节　员工培训增强企业凝聚力和向心力

秀强股份拥有近3000名员工，人数众多。认同企业文化的优秀员工是公司发展的重要推动力。因此，公司会定期对员工进行系统的培训。

培训对于公司和员工来说有诸多益处。对于员工而言，培训能够增强员工对企业的归属感和主人翁责任感。对于企业而言，对员工进行越充分的培训，就越能吸引员工，并发挥人力资源的高增值性，为企业带来更多的效益。此外，培训还能促进企业与员工、管理层与员工之间的双向沟通，增强企业的向心力和凝聚力。

公司每年都会定期对全体员工进行为期3天的培训。培训内容主要围绕公司企业文化、子女教育以及团队凝聚力等方面设计。通过划分小家庭组引导员工了解公司"孝善家文化"，邀请名师来传授夫妻相处之道和子女教育等知识，通过团队小游戏让员工明白团队的作用。3天培训充满了泪水和汗水，也收获了快乐和幸福。

总之，通过培训，秀强股份的员工更加认同公司的企业文化和价值观，更加了解公司的战略和发展方向。同时，员工的工作能力和素质也得到了提高，企业的凝聚力和向心力也得到了增强。

一、在破冰游戏中共同组建团队

秀强股份参与培训的人员主要是各个分厂的一线员工，每次培训时间为3天,参与人数为150~200人。员工来自不同的分厂,背景各异,有些互相认识,有些还不太熟悉。因此,培训一开始采取了以游戏的方式来进行破冰,让员工在游戏中快速熟悉起来。

崇孝园

培训过程中也设计了一系列轻松愉快的游戏,让员工在游戏中互动,并依据游戏的结果或分数划分团队。这样员工可以在欢乐的游戏中相互了解,增进感情。每个团队会为自己的队伍起一个独特的名字,设计一句响亮的口号,并选举出一名队长。在组成团队后,每个团队的成员会一起上台介绍自己的团队,分享他们的团队精神和目标。

这种方式能够成功地让员工在轻松愉快的氛围中互相了解和熟悉,增强团队合作意识和能力。同时,这也提高了员工对公司的归属感和忠诚度。在培训过程中,员工不仅能够学到知识和技能,还能感受到公司对他们的关注和培养。这样的培训方式不仅增强了员工的个人能力和素质,而且推动了公司整体的发展和进步。

员工培训活动 1

二、授课培训：如何平衡工作和家庭的关系

员工培训的目的不仅是帮助员工提高自身能力和了解公司文化，更重要的是关注员工的家庭问题。许多员工在工作中表现出色，却忽略了家庭的重要性，导致夫妻关系和子女教育问题逐渐凸显。因此，公司聘请了优秀的培训老师为员工讲解家庭相处之道，帮助他们更好地处理夫妻关系和解决子女教育问题。

在培训中，老师通过讲解夫妻相处的技巧和方法，帮助员工更好地沟通和理解对方，解决夫妻之间的矛盾和问题。同时，老师还为员工提供了子女教育问题的解决方案，帮助他们更好地引导和教育子女，建立良好的亲子关系。

很多员工在培训中深受启发，他们意识到自己在家庭生活中的不足之处，并开始积极改变自己的行为和态度。一些员工甚至流下了感激的泪水，因为他们终于找到了解决家庭问题的方法和途径。

通过培训，员工不仅学会更好地处理夫妻关系和解决子女教育问题，还能够更好地平衡工作和家庭的关系，提高生活质量和工作效率。同时，这也增强了员工对公司的归属感和忠诚度，促进了公司的长期发展。

三、文化熏陶：你所了解的公司文化

企业文化是员工的精神导向，能够将员工目标和企业目标协调一致，使员工对企业产生认同感、归属感和忠诚感。公司的价值观是忠诚、勤奋、创新和激情，这些价值观不仅代表着公司的精神，也是员工需要遵循的行为准则。

员工培训活动2

在培训中，卢秀强总是亲自到现场向员工介绍和培训企业文化，他希望员工能够真正了解公司、融入公司。在团队互动游戏"你所了解的公司文化"中，员工们可以在画纸上画出自己心中的公司文化是什么样子，并写下对公司的畅想。这个游戏不仅让员工更加深入地了解公司文化，也激发了他们的创造力和团队合作精神。

通过这样的培训方式，员工可以更好地了解公司的价值观和企业文化，从而更好地融入公司，提高工作效率和团队合作能力。同时，这也增强了员工对公司的归属感和忠诚度，为公司的长期发展提供了宝贵的人力资源。

四、团队凝聚：集体力量和个人努力的重要性

在为期 3 天的培训中，穿插了各种团队互动游戏，这些游戏不仅有助于明确团队的目标，提升员工的团队精神和团队意识，而且通过明确的分工合作，提高了团队处理问题的能力。团队成员为了共同的目标相互配合，在游戏中得到锻炼，更好地完成了任务。

其中，有一个名为"围圈坐腿"的游戏，各个团队需要围成一个圈，每个人屈膝 90 度，且小腿一定要和地面成 90 度，头要躺在后面成员的肚子上，每个人用膝盖顶住前面一个人的腰。这个游戏看似简单，实际上需要很好的技巧和团队协作能力，只要有一名成员姿势不对，就很难坚持 5 分钟。在游戏中，只要任何一名员工倒下就算失败，需要重新计时。

在游戏过程中，各个团队前期尝试了很多遍，也失败了很多遍。有些团队甚至认为这是一个不可能完成的任务。在这个时候，队长的作用非常重要。当团队出现危机没有凝聚力的时候，就需要队长进行协调和鼓励。经过无数次的尝试，终于有一个团队坚持了 5 分钟以上。在这 5 分钟里，团队成员共同喊着口号，互相鼓励。其他团队在见到这一场景后也奋发向前，最终所有团队都成功了。在游戏结束后的分享环节，很多员工表示这是一个非常有意义的游戏，让他们感受到了集体的力量和个人努力的重要性。

员工培训活动3

培训让每位员工更进一步地了解了公司文化,学习了如何处理夫妻关系和子女教育问题。同时,通过团队合作的游戏,员工们也形成了团队合作的意识。对于员工来说,这是一次很有意义的培训;对于公司来说,这次培训培养了更多优秀的员工。这些优秀的员工不仅能够更好地完成工作任务,还能够为公司创造更多的价值。因此,员工培训是非常成功的,达到了预期的目的。

第五节　员工幸福是企业持续发展的动力

"十四五"规划描绘了"幸福中国"的蓝图，这个蓝图不仅体现在经济发展等硬指标上，更体现在社会心态、幸福感等软指标上。对于行业或企业来说，应该将员工的幸福感纳入企业的发展战略中，并在开发权重时体现出"幸福感"这一因素。这样做可以让员工感受到自己是企业家庭中的一员，从而提升他们为企业付出的动力，创造更高的效益。这种理念与公司倡导的"孝善家文化"相契合。

对大多数员工的幸福感调查发现，尽管企业效益增长、员工收入提高，但员工的幸福感并没有随之增加。如果员工没有幸福感，他们对企业的归属感就会消减，最终会影响企业的长期发展。

秀强股份通过六个维度来构建幸福企业：员工自我接纳、与他人的相处、自主性、环境可控性、生活目标以及个人发展成长。将员工幸福感纳入公司管理具有重要意义，它可以帮助公司了解员工的心理需求和精神状态，为决策管理层深入了解员工需求、提升员工生活质量、促进员工成长发展提供依据。

秀强股份一直致力于提高员工的幸福感和归属感，通过打造员工休息环境、实施有温度的关怀项目、展望未来的发展等方式，让员工切身感受到公司的温暖。这些举措不仅关注员工的物质需求，更关注他们的精神需求，让他们真正感受到公司的关怀和重视。通过这样的努力，秀强股份成功地营造了积极向上、团结协作的工作氛围，为员工的个人发

第四章　企业经营核心 KPI：员工幸福

展和企业的持续发展奠定了坚实的基础。

一、营造健康、和谐的工作环境

许多企业文化往往流于形式，导致企业从高层管理人员到基层员工，不同程度地把自己描述为"工作机器""工作木偶"。员工之间扯皮推诿、博弈的情形十分普遍。因此，为企业员工创造健康向上的工作环境，以提升员工满意度和幸福感，进而创造更高的收益，是十分必要的。

为了营造健康、和谐的工作环境，秀强股份坚持以人为本，建设积极向上的企业文化，让员工有强烈的归属感。此外，公司需要采用人性化的管理方式，多鼓励少打击、多关怀少命令、多奖励少扣罚。通过"家人式""朋友式""伙伴式"的方式与员工进行公平、友好的沟通，才能更好地营造健康、和谐的工作环境。

为了改善员工的工作环境，秀强股份特意打造了员工休息室，并实施 6S 管理。这些措施旨在让员工感受到公司的关怀和温暖，员工可以更加积极地投入到工作中去，提高工作效率和质量。这样不仅能够提高员工的满意度和幸福感，还能为企业创造更好的业绩。

员工休息室

二、有温度的关怀项目

公司为员工提供了全程有温度的关怀项目，从入职到退休，让员工在公司感受到家的温暖。这些关怀项目包括新员工欢迎会、师傅带徒弟、生日祝福会、温馨下午茶、冥想、小纸条大能量、退休员工欢送会以及离职员工回访。通过这些项目，员工感受到公司的关怀，从而享受工作的过程，真正实现"快乐工作，快乐生活"。

在入职阶段，公司会为新员工举办欢迎会，让他们感受到公司的热情。同时，为新员工安排师傅带徒弟，帮助他们更快地适应工作环境和熟悉工作流程。

在工作过程中，公司会定期举办生日祝福会和温馨下午茶，还会提供冥想和小纸条大能量等关怀项目，帮助员工减轻工作压力，缓解疲劳。

当员工退休时，公司会为他们举办退休员工欢送会，表达对他们的感激和祝福。同时，公司还会对离职员工进行回访，了解他们的离职原因和未来发展情况，以便不断改进公司的管理方式和工作环境。

通过这些有温度的关怀项目，公司为员工创造了健康、和谐的工作环境，让员工感受到公司的温暖。最终，公司希望通过这些项目，实现"快乐工作，快乐生活"的目标。

三、推行"未来有希望"项目

除了在工作中开展有温度的关怀项目，公司还推行了"未来有希望"项目。在这个项目中，公司致力于帮助员工解决生活中的问题。针对单身员工，公司组织了红娘团活动，帮助他们寻找合适的伴侣；针对子女教育问题，公司成立了211志愿团，提供教育咨询和辅助教育资源；针对看病就医问题，公司推出了看病绿色通道，为员工提供快速、便捷的医疗服务；针对法律方面的问题，公司提供了法律咨询服务，帮助员工解决法律纠纷；当员工家庭产生矛盾时，公司还设有家庭关系调解团，协助员工调解家庭纠纷。

通过推行"未来有希望"项目，公司不仅关注员工的工作情况，还关注他们的生活和家庭状况，帮助员工解决生活中的问题，提高他们的生活质量，让他们能够更加安心地工作和生活。

四、员工培训助力其实现人生价值

秀强股份定期为员工提供培训机会，以帮助他们不断追求事业的提升和个人价值的实现。员工在组织内部获得晋升机会，不仅意味着薪酬和福利待遇的提升，还代表着他们具备更强的市场竞争力。因此，秀强股份重视员工的培训和发展，通过培训不仅发现并培养了人才，同时也激发了员工的工作主动性，并加深了他们对公司文化的了解。

作为秀强这个大家庭的一员，员工是公司最重要的财富。当员工感到幸福和满足时，他们才会以积极的态度投入工作，上下级关系才会和谐融洽，公司的效益才会不断提高。因此，提高员工的幸福感是秀强股份不断追求的重要目标！

"幸福行动"实践

幸福行动1：帮员工找对象

在许多制造型企业中，男女比例严重失衡，许多优秀的单身员工将大部分时间投入到工作中，而对自己的终身大事却往往"不以为意"。因此，公司一直致力于解决员工工作和生活中的问题，包括单身员工的婚姻问题。为了让每位员工能够"快乐工作，快乐生活"，公司分厂集结了每一位员工的力量和资源，特别为单身员工成立了"秀强红娘团"。

"秀强红娘团"旨在帮助公司解决单身员工的婚姻问题，为员工办实事。全员红娘，打造"秀强鹊桥平台"（如图4-1所示）。这个志愿团具有两个特点：

图4-1　秀强鹊桥平台

第一，公司鼓励全体员工自发参与做红娘，并给予"精神＋物质"双重奖励，让他们在帮助别人的同时，也能享受到心理和物质的双重满足。

第二，通过熟人牵线搭桥，单身员工可以省去信息鉴别过程；而且，公司承担所有费用，不需要员工付费。这种模式不仅可以帮助员工找到合适的伴侣，还能帮助他们建立自己的幸福家庭。

通过成立"秀强红娘团"，公司不仅帮助员工解决了个人的终身大事，而且提高员工的工作积极性和效率，增强他们的归属感和幸福感。

一、红娘团运行的步骤

"十百千幸福家庭建设工程"适用于公司所有员工,红娘团也是公司员工自愿报名组成。每个分厂都有红娘团,只要单身员工有需求就可以向红娘团提出,红娘团的职责就是帮助报名的员工牵线搭桥、传授恋爱技巧、引导恋爱过程、提供婚姻咨询等。

红娘团运行主要有以下几个步骤:

步骤一:填写红娘用户画像

文化宣传部建立信息收集表格,各部门负责人、厂长负责员工宣传,有合适单身资源的员工填写表格,系统自动为该单身人员创建专属数字编号。

表格信息包括红娘本人信息(姓名、电话、所在分厂、工号)、单身人员信息(姓名、性格、出生年月、身高、学历、职业、月收入、本人简要)、家庭情况(房、车等)、理想对象信息(年龄、性格等)。

步骤二:信息筛选,匹配资源

各分厂推荐1名员工担任该分厂红娘团团长(职能部门人员由工会指定1名人员担任),通过共享秀强鹊桥平台单身资源库,筛选单身资源及理想对象资源,为分厂单身员工匹配对象。符合度较高的,联系双方红娘共同引荐,安排单身双方见面交流。

步骤三:过程中跟踪指导

双方红娘定期与各自介绍人员沟通,了解双方意向。红娘团团长适时跟踪参与(可建立专门微信小群)。

步骤四:确立关系后,参加培训

根据恋爱不同阶段,组织双方到公司参与家庭教育培训,通过学习过程逐步使彼此对于家庭生活三观一致。

步骤五:领取结婚证

在成功恋爱并决定组成家庭后,员工要领取结婚证,并且红娘会参与其婚礼仪式。公司还会发放《幸福家庭三部曲》以帮助他们建立幸福美满的家庭。

二、公司提供的待遇和资源扶持

在"秀强鹊桥平台"打造过程中，公司也会给红娘团成员一定的待遇和资源扶持，一方面保证单身员工能够顺利收获一份满意的婚姻，另一方面肯定所有红娘的努力。具体有如下待遇和资源帮助。

鹊桥平台活动1

1. 享受待遇

各部门、分厂红娘团团长：各部门、分厂兼职红娘团团长享受100元/月的补贴（凡由红娘团团长参与，帮助所属分厂内部员工解决单身问题，额外奖励200元/人，以领取结婚证为准），同时给予5颗星/人激励。

全员红娘：凡提供身边单身资源（公司内外部人员均可），为公司单身员工（包括丧偶、离异等）牵线搭桥成功，确定恋爱关系发放520元/人（确定恋爱关系次月奖励288元，超出6个月发放232元），同时给予5

颗星/人激励；最终领取结婚证的，额外奖励666元/人，同时给予10颗星/人激励。

最美红娘奖：每年企业文化节评优增加"最美红娘奖"，每个分厂及职能部门各1个名额，奖励1314元（获得"最美红娘"称号人员需至少成功帮助1名单身人员确定恋爱关系）。

红娘作为公司企业文化的传播者，可纳入公司义工管理体系，优先获取晋升机会。

公司不定期举行红娘培训和学习交流活动，提高红娘的综合素质。

享受以上待遇的人员，所牵线搭桥的单身资源必须事先已经进入"秀强鹊桥平台"资源库，方可给予对应待遇奖励。

2. 可提供的资源保障

公司定期邀请专业心理咨询师、情感专家到公司，为公司红娘传授相关经验，如恋爱前、恋爱中的服务内容指导等。

帮助恋爱成功的员工规划系列配套服务，如求婚、婚庆资源、月子会所等，成功单身男女可优先获取托育机构、幼儿园入学通道。

增加线下交流机会：定期举办不同主题的线下活动，比如，骑行活动、利用新时代文明大讲堂播放电影、组织KTV大赛等，将有着共同兴趣的单身男女聚到一起，通过活动增进了解。

借助外部资源，联络周边几个厂区，增加厂区之间联谊。

凡通过公司组织的联谊会结识确定恋爱关系的公司在职单身员工，参照上述奖励标准，给予对应红娘80%的奖励。

红娘团自运行以来效果显著，公司各部门尤其是各分厂响应热烈，单身员工积极主动报名，红娘团成员也提供了很多优秀的单身资源。自2022年项目成立以来，各个分厂累计相亲见面超过10次，同时目前已经有3对正在相处过程中，2对已经走入婚姻的殿堂。

鹊桥平台活动 2

案例

在秀强股份，每一位员工都是家庭的一分子，公司有责任和义务帮助单身员工解决个人问题，让他们能够收获甜美的爱情并组建美满的家庭。为了实现这个目标，公司特别成立了"秀强红娘团"，为员工提供了一个互相了解和认识的平台。

以家电二分厂的董文康和茆露为例，两人在同一个分厂工作，都是优秀的单身青年。虽然他们平时在工作上接触较多，但由于相互之间缺乏了解和认识的机会，两人始终没能走到一起。在"秀强红娘团"项目成立后，董文康主动报名参加，分厂红娘团团长在收集到他的信息后，发现同分厂的茆露也是单身，两人性格相投，都是优秀的单身员工。于是，分厂红娘团团长开始撮合两人见面。

在第一次见面时，董文康和茆露都对对方产生了好感，相互留下了美好的印象。之后，他们开始尝试交往，逐渐深入了解对方。在相互交往的过程中，他们不仅在工作上互相支持，也在生活上互相照顾。随着时间的推移，他们的感情越来越深厚，最终走向了婚姻的殿堂。

在他们的婚礼上，分厂厂长也送上了美好的祝福和一份礼品，表达了对他们的关爱。这个例子只是"秀强红娘团"项目成功的一个缩影。自"秀强红娘团"项目成立以来，成功帮助了许多单身的员工找到心仪的伴侣并组建了美满的家庭。

通过成立"秀强红娘团"，公司不仅为员工提供了一个相互了解和认识的平台，还为他们提供了一个寻找真爱和幸福的机会。同时，秀强股份也希望通过这个项目，让员工感受到公司对他们的关爱和支持，增强员工对公司的归属感和忠诚度。

未来，秀强股份将继续加强对"秀强红娘团"项目的投入和管理，为员工提供更加优质的服务和帮助。在大家的共同努力下，一定能够让更多的单身员工收获甜美的爱情并组建美满的家庭！

幸福行动 2：给员工过生日

秀强股份以其众多充满关怀的项目而受到员工们的热烈好评。其中，集体生日会更是备受赞誉，它以分厂为单位，充分营造出一种温馨的"家氛围"，让每一位员工都能深深感受到家的温暖。

集体生日会通常由分厂的资源保障部门组织。他们会提前收集当月过生日的员工信息，精心策划生日祝福会的主题、场地以及各种小节目。每一个环节都充满了诚意和温情，旨在为每一位员工献上一份独特的生日祝福。

在生日会上，员工们不仅可以观看到精心准备的小节目，还可以与同事们一同分享生日的喜悦。这不仅有助于增强员工之间的情感联系，还能让大家在繁忙的工作中感受到公司作为一个大家庭的温暖和关怀。

此外，公司还会为过生日的员工准备各种小礼物和祝福，让他们在特别的日子里感受到更多的关爱和尊重。

总的来说，秀强股份的集体生日会以其用心服务和真诚关怀赢得了员工们的一致好评。它不仅为员工们提供了一个欢乐、温馨的聚会平台，更让每个人都感受到了来自公司大家庭的温暖和关爱。

集体生日会具体步骤如下：

步骤一：生日信息收集

收集一线员工农历生日信息，针对新来的员工及时更新信息，同时制作月度员工生日信息表。

步骤二：生日礼物筹备

分厂管家提前确定好当月过生日人员，准备生日礼物（厂长亲笔签名的祝福卡、生日蛋糕卡、生日面、水果、饮料）。

步骤三：当天生日祝福

管家在家庭组群里送上微信祝福，其他家人一起同步发送生日祝福，同时管家将生日礼物、公司准备的生日蛋糕卡、生日祝福卡送到家人手中并留影纪念（周六、周日过生日员工在周五发放）。

步骤四：月度生日会策划与筹办

每月30日前分厂服务团队共同策划：

（1）生日派对主题选定：与农历生日当月的二十四节气结合。

（2）确定生日主题对应的背景、音乐设计、主持等，服务团队按职责做好分工协作。

步骤五：生日会举办

（1）时间：根据每月实际情况，提前确认。

（2）参会人员：当月过农历生日的家人、服务团队、所有管家。

（3）内容：水果、蛋糕、茶点、惊喜奖品。

第四章 企业经营核心 KPI：员工幸福

夏至主题生日祝福会

世间美好恰逢其时，愿你生如夏花，不负韶华，一路芬芳，一路收获。生日快乐！

集体生日活动 1

集体生日活动2

生日会的场地布置充满了家的温馨氛围，让人感受到浓浓的亲情和温暖。寿星们一起点燃蜡烛唱生日歌，许下美好的愿望，这种场景让人感到无比幸福和满足。

而最有趣和激动人心的环节则是趣味活动和抽奖环节。每位员工都怀着激动的心情，选取属于自己的幸运号码，期待着打开的一刹那带来的惊喜。虽然是否获得大奖并不重要，但每个人都被这充满乐趣的氛围所感染，脸上洋溢着灿烂的笑容。

在这个特别的日子里，仿佛每个人都忘记了工作的压力和生活的烦恼，只有开心和快乐。大家没有拘束，没有隔阂，不分你我地尽情玩闹。分厂举办的集体生日祝福会让许多员工深受感动，有的家人表示这是他们自出生以来第一次过生日，有的则是为自己庆祝的第一个生日。公司分厂给了他们这个难忘的体验，让他们感到温暖和关爱。

不仅是生产线上的员工，后台服务人员也深受感动。分厂开展的生日祝福会活动不仅增强了员工之间的凝聚力，也拉近了员工之间的距离，面对面交流让彼此更加了解和信任。这样的活动让员工们感到公司真正关心他们的生活和需求，让他们更加全身心地投入到工作中，为公司的大家庭增添了更多的活力和温暖。

幸福行动3：小纸条传递大能量

在钻石经营模式中，后台管理岗位被重新定义为资源保障部门，这是一个以一线员工为中心的角色转变。这个部门的工作不仅是处理日常的后台管理任务，还要深入一线，发现问题，解决问题，充分了解员工的困难和疑惑。

"小纸条大能量"是一个具有创新性的项目。它的核心理念在于，通过收集一线员工的小纸条反馈，汇聚他们在工作和生活中的困难，听取他们的意见和想法。每一张小纸条都蕴含着员工们的期待和信任，背后是他们希望被理解和解决的问题。

这个项目通过定期收集和整理小纸条，让资源保障部门能够及时了解员工的困难和需求。部门会定期汇总员工的问题，分析问题的性质，然后采取适当的措施来解决这些问题。

同时，"小纸条大能量"项目也鼓励员工之间的交流和合作。员工可以在小纸条上分享自己的经验和想法，这不仅有助于解决问题，还能促进员工之间的互相学习和成长。这种积极的互动和分享营造了良好的工作氛围，让员工更加愿意为公司贡献自己的力量。

总的来说，"小纸条大能量"项目体现了钻石经营模式中以员工为中心的经营理念。

公司针对"小纸条大能量"项目制定了一套标准的流程，共5个步骤。

步骤一：全厂宣贯

召开全员大会，向员工宣贯"小纸条大能量"项目，包括活动的目的和流程，切实解决员工问题。

步骤二：纸条制作与发放

制作不记名式小纸条，进行全员发放，也可通过调查问卷小程序进行问卷调查。

步骤三：纸条收集与统计

（1）管家收集各工序的小纸条。

（2）按照工序对小纸条中反馈的问题进行统一汇总。

步骤四：问题处理

（1）小纸条问题按照是否是共性问题、实现难易程度、重要性等进行排序，优先解决共性及重要问题。

（2）小纸条问题的解决对应到各个管家和资源保障部门。

步骤五：结果公示

定期向员工公示已解决的问题。

■ 小纸条大能量——"自查、自检"

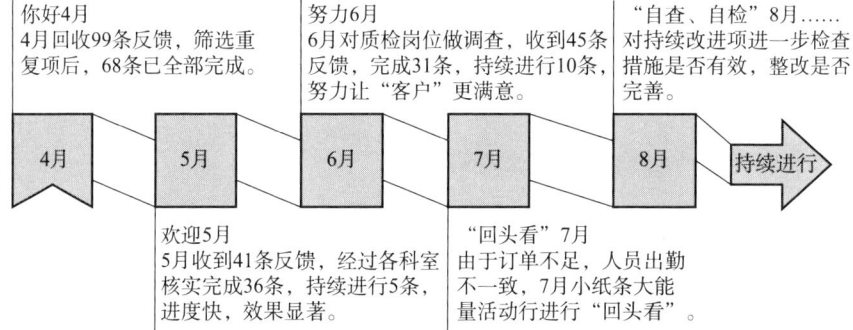

	2月	3月	4月	5月
反馈个数/条	99	109	99	41
完成个数/条	70	78	73	31
下转个数/条	29	31	26	10
完成率/%	70.71	71.56	73.74	75.61

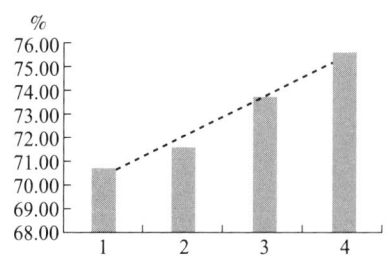

"小纸条大能量"项目

5月"小纸条、大能量"活动针对技能工种展开调查，发出46张，收回41张，有效提议39条，秉持让员工敢说话、说真话原则，通过员工的提议，问题分类，责任到科室，做到做好"小服务"，解决"大问题"。

案例

"小纸条大能量"项目一直以来都是公司倾听员工心声、了解一线需求的重要途径。通过这个项目,公司管理层得以深入了解员工在日常工作中遇到的困难和问题,并尽力去解决这些问题,为员工办实事。

曾经,公司管理层收到过这样一张小纸条:返洗玻璃流水线距离洗片机太远,接片时太费力气。看到这张小纸条后,分厂资源保障部门感到非常疑惑,因为返洗玻璃流水线与洗片机的距离是经过精心设计过的,理论上应该是没有问题的。

通过深入了解和线上访谈,公司管理层发现了问题的真正原因。原来,镀膜线的一位上片工人因为腿脚不方便,拿取玻璃的时候不能及时操作,很容易使玻璃落地。这个问题让公司意识到,对于线上员工的了解还不够深入。

于是,公司成立了一个问题整改小组,提出了在传送带延长一段转片台的方案。经过多次验证和实验,最终方案成功实施,实现了不走一步原地接片。这个改进不仅解决了那位腿脚不方便的工人的问题,也极大地减轻了其他在岗员工的负担。

这个例子虽然看似微小,却体现了"小纸条大能量"项目的价值。通过这个项目,公司能够将一线员工的问题收集汇总,并根据问题的特点依次分配到各资源保障部门。大管家会对相应的负责人和问题进行落实和跟踪,尽可能地解决一线员工反馈的所有问题,真正做到服务好每一位员工。

公司坚信,"小纸条大能量"项目不仅是倾听员工心声的渠道,更是展示公司对员工关怀和重视的窗口。通过这个项目,公司管理层可以让每一位员工感受到公司的关心和支持,从而让员工更加积极地投入到工作中去。同时,这个项目也让公司管理层更加深入地了解员工的需求和问题,为改进生产和管理提供了重要的参考。

未来，秀强股份将继续加强"小纸条大能量"项目的实施和推广，让更多的员工能够参与到这个活动中来。公司会不断完善这个项目，提高解决问题的效率和质量，让每一位员工都能够感受到公司的关怀和支持。同时，也会加强部门间的协作和配合，共同解决员工在工作中遇到的问题和困难，为公司的发展贡献力量。

幸福行动 4：思过

员工在工作过程中出现失误是非常普遍的现象，企业针对员工出现的错误采取的解决方法也不尽相同。

一、小的错误

对于小的错误，有的企业可能会睁一只眼闭一只眼，有的企业可能会给予一定的通报、警告或绩效惩罚，这两种方式都有一定的局限性。如若睁一只眼闭一只眼，放任不管，员工不会吸取教训，同样的错误会再次出现；如若给予一定的通报、警告或绩效惩罚，员工心里会产生很大的抱怨，工作积极性不高。

二、重大失误

针对重大失误，大多数企业通常采用的是罚款、降职降薪甚至开除的方式，这种方式可以让员工意识到犯重大错误的后果，具有很强的警示性。

以"优秀文化育人，科学管理做事"为经营理念的秀强股份，始终以员工为中心，关注他们的成长和发展。在处理员工犯错的问题上，他们采取了一种别出心裁的方式——思过。这种方式旨在从员工的角度出发，制定一种既让他们乐于接受，又能让他们警醒认错的处理方式。

具体内容如下：

（1）目的：为了"治病救人"给予犯错员工改过机会，提升员工幸福指数、激发员工原动力和归属感,特制订"思过"试运行方案。

(2)目标:包含管家(线长)、大家长(班长)、家长(技能工)、家庭成员(技能工、半技能工、普工)犯错率、次数、损失金额、事件影响度。

员工个人犯错次数:6个月≤3次。

员工个人捐款金额:≤200元。

事件影响度:轻微或者一般(参照公司奖惩制度,小过A和B)。

3.适用范围:

各个生产分厂的员工;

隶属分厂内部处理的事件。

4.执行流程:

事件发生:员工出现违规或者犯错,按照公司的制度需要被捐款的事件。

评定方式:分厂主管捐款负责人根据目标内容进行评定,并将处理通报上报分厂大管家(厂长)批准,批准内容从捐款到改为"思过"。

员工沟通:针对需要"思过"事项内容和责任人充分沟通,达成共识。

进行思过:分厂主管负责人组织"思过"人员和其班组人员至公司家风家训园"思过","思过"分为两个层面:一方面是直接责任人"思过";另一方面是资源保障人员"思过"。在试运行阶段由分厂大管家(厂长)亲自组织。

(1)直接责任人"思过":从事件内容、自己存在的问题、后期承诺三个层面进行。

(2)资源保障团队"思过":资源保障团队针对员工出错进行"思过",针对事件进行本质挖掘:从能力、意愿、实施条件、作业流程等角度,提出保障措施,并改善和实施,避免同类问题再次出现。

文件备案:"思过"后,过程表单由主管人员保存,保存周期至少为1年。

结果验证：由分厂大管家（厂长）或者其安排的专人针对"思过"后的承诺事项和资源保障措施执行情况进行跟踪和落实，保证承诺和措施执行有效。半年内未达到目标要求的人员，按照《员工等级晋升制度》进行降级处理，如不进行"思过"，采用公司制度捐款的同样进行降级处理。

通过这种人性化的"思过"方式处理犯有轻微或一般影响度错误的员工，员工更容易理解和接受，工作积极性和归属感也会不断提高。

第五章 秀强文化实践英雄谱

在秀强股份，有一群特殊的人物，他们以卓越的表现和无私的奉献，生动地诠释了公司的文化之美。他们有的身处高管位置，运筹帷幄，决胜千里；有的则是骨干员工，以精湛的专业技能和强烈的责任心，推动公司的发展。而他们中的大部分人，都在平凡的岗位上，默默无闻地付出，成就了秀强股份的今日。

第一节　优秀的传统文化改变了我的人生

"秀强人"故事——肖燕（总经理助理）

1. 遭遇困境

肖燕是在2007年7月加入秀强股份的。当时，她和丈夫的关系因三观不合和家庭矛盾而非常紧张。她的丈夫长期在外地工作，孩子由公婆照顾。肖燕平时在公司上班，只有周末才能回家看孩子，而且由于工作繁忙，通常两周才能回去一次。

在肖燕入职秀强股份的第一年春节，她在大年三十的下午才回到家中，发现家里没有任何年货。她感到非常委屈，含着眼泪去超市购买了年货。她精心准备了一桌菜，期待丈夫能够在这个特别的时刻回家，让全家团聚在一起享受一顿团圆饭。然而，她再次失望了，最后只有她和儿子两个人吃饭。在饭桌上，她不得不装出很高兴的样子，用编织的话语来解释为什么全家人不能在一起吃团圆饭。吃完饭以后，她关上房门，失声痛哭，然后装作若无其事的样子，继续和孩子一起观看春节联欢晚会。

如果没有经历过她当时的处境，根本无法想象她的心情是多么复杂和痛苦。她感到气愤、难过和委屈，还要在孩子面前强装笑脸。那一刻，她对生活感到非常绝望，甚至从楼上跳下去的念头浮现在她的脑海中。

家庭活动日 1

2. 秀强文化的影响力

在秀强股份，肖燕接触到了传统文化教育。秀强股份从 2009 年开始推行传统文化教育，主要是以《弟子规》为员工的行为规范，并倡导"孝"文化、"家"文化。公司一直强调百善孝为先，家和万事兴。

一开始，肖燕对此有些抵触。她心想，难道天天背诵《弟子规》就是这家公司的企业文化了吗？毕竟，肖燕受过高等教育，她的工作能力也得到了领导和同事的认可。但现在，公司要求她学习小孩子需要学习的《弟子规》，她真的有些不愿意。

然而，随着公司传统文化教育的不断推进，各种有意义的活动有序开展起来。肖燕的观念也逐渐发生改变。公司第一次派中高层人员去青岛学习传统文化，他们一起观看了一部名为《咱爹咱娘》的纪录片。

这部纪录片深深触动了肖燕。从开始到结束，她的眼泪就像开闸的洪水一样止不住。眼泪中饱含了对父母养育之恩的感念，更多的则是对父母的愧疚。这部纪录片也让肖燕意识到，孝顺父母是中华民族的传统美德，也是自己需要去实践的传统文化。

通过这次学习，肖燕逐渐明白了传统文化教育的重要性，并开始积极参与到公司组织的活动中去。她发现，这些活动不仅有助于提升员工之间的感情和默契度，还有助于提高员工的工作效率和质量。

家庭活动日 2

同时，肖燕也意识到，《弟子规》不仅是一本儿童启蒙读物，更是一本关于道德规范和行为准则的经典著作。通过学习《弟子规》，她开始更加自觉地遵守公司的规章制度，更加尊重领导和同事，也更加关心团队的发展和成长。

这次学习经历也让肖燕意识到，传统文化和现代管理并不是对立的，而是可以相互融合、相互促进的。在秀强股份的传统文化教育中，员工们不仅学到了传统文化知识，更重要的是学会了如何做人、如何做事、如何与人相处。

3. 可怜天下父母心

实际上，大多父母并不需要儿女提供经济支持，他们期望的仅仅是能够经常看到儿女。肖燕自从十七岁起便离开父母到某酒厂工作，三十八岁时又前往宿迁发展，长期在外使得她无法经常陪伴在父母身边。

2005年，肖燕购买房产并办理了10万元的贷款。当她的父母得知这一情况后，他们无法安心休息，深感焦虑。最后，肖燕的父亲做出了一个艰难的决定：将他培育了数十年的两盆盆景卖掉，用所得的钱来帮助肖燕偿还贷款。肖燕的父亲一直热爱盆景艺术，他曾多次举办盆景书画展览，但从来不曾出售过自己的作品。然而这次为了帮助肖燕解决财务问题，他决定舍弃自己的心头好，将自己珍藏的盆景卖掉。

肖燕得知这个消息后表示坚决反对。她对父亲说："爸，您这是对我没有信心吗？这10万元的贷款，我相信我三年内就能还清！您要是真的把盆景卖了给我还贷款，那我岂不是成了不孝之子？为了我，让您砸锅卖铁，我怎么能心安呢？"最终，在肖燕的坚决反对下，她的父亲放弃了卖掉盆景的计划。然而，这次经历让肖燕更加深刻地感受到了父母对子女的无私之爱，他们为了子女的幸福和利益可以付出一切！可怜天下父母心啊！

4. 优秀传统文化改变的人生

在秀强股份，肖燕多次被派往南京、溧阳等地学习传统文化。后来，为了让更多的员工能够接触到优秀的传统文化，公司特别设立了专门的文化区域，并设立了幸福人生大讲堂、道德大讲堂。公司还安排了专人负责企业文化建设，定期组织培训，并邀请一些传统文化领域的老师和身体力行的模范人物到公司讲解。每年母亲节、企业文化节，公司都会举办一系列活动，弘扬正能量，增强员工的凝聚力。

通过学习传统文化，肖燕逐渐理解了公婆的辛劳和不易。她意识到每个人都有不同的成长背景，这使得每个人对同一件事的看法和做法都有所不同，再加上代沟的影响，家庭矛盾在所难免。然而，肖燕坚信既然选择了与他们共度一生，就应该以一颗包容的心去接纳他们的缺点，用自己的行动去感化他们。如今，肖燕深受秀强文化的熏陶，家庭成员间互相关心，家庭关系也由紧张变得和睦，肖燕与丈夫的关系也越来越好。

肖燕与丈夫合影

肖燕通过学习和实践，逐渐明白了家庭不是做生意的地方。如果抱着做生意的心态来经营家庭，那么家庭必然不会幸福。通过传统文化的学习，她才真正明白了问题的根本所在。

以前，肖燕总是以做生意的心态来对待家庭中的每个成员。例如，她对公婆好，给他们买礼物等，希望以此换取他们的好感。此外，她对丈夫好，为他洗衣做饭，希望他能对她言听计从。对待孩子也是如此，希望孩子将来能有好的成绩，让自己脸上有光。当她无法得到自己想要的东西时，就会感到失落。如果你为别人付出了一些，而别人没有给予回报，你自然会感到失落。反过来想一想，别人在为你付出后得到了回报吗？如果没有得到回报，别人也会不高兴的。这样一想，家庭不幸福的根源在于做生意的心态。既然别人因没有得到你的回报而不高兴，你又有什么资格要求别人服从你的意愿呢？

当肖燕明白了这些道理后，心中的阴霾一扫而光，以充满阳光的心态迎接每天的生活。

家庭的这些变化都得益于公司推行的传统文化教育。如果没有学习传统文化，肖燕的家庭可能会陷入困境。因此，我们不能低估传统文化在个人和家庭生活中的重要性。它像一盏明灯，照亮了肖燕的人生道路，也为她的家庭带来了幸福。

第二节　导入文化就是为了承担社会责任

"秀强人"故事——高雷（制造中心负责人）

1. 秀强文化的力量

秀强股份当初导入文化的目的是承担社会责任。学习优秀传统文化与工作之间并没有必然的关系，更多的是为了帮助员工更好地处理家庭关系，以及人与人之间的交往。

员工培训1

生产一线员工的家庭问题尤为突出，如夫妻不和、高离婚率、婆媳矛盾、单身等，工作中也经常出现人际关系问题。为了解决这些问题，公司开始组织员工学习传统文化，如《弟子规》等。这些文化课程不仅教授做事情的正确方式和方法，还告诉员工如何对待长辈、兄弟以及在有余力的情况下如何去学习文化。这体现出一家公司的社会责任担当。

当家庭矛盾激化时，很容易引发工伤事故。公司希望员工能够家庭和睦，家庭和睦与工作是息息相关的。家庭和谐意味着我们有更多的时间和精力，以更加饱满的精神状态投入到工作中，而不会受到家庭因素的干扰，影响工作。这也能保证公司的效益，并树立公司统一的价值观，为全体员工提供一个正确的导向。

秀强股份推行文化这么多年，整体关系和谐，员工工作状态更佳，业绩也越来越好，促进了公司的稳步发展。经济指标是公司发展的硬性指标，而文化则像肥料一样，默默滋养着土地，保证我们的目标能够开花结果。

2. 尊重他人的成果，关注他人的感受

高雷于2002年从部队退伍，2006年回到宿迁并加入了秀强股份。在那个时候，找到一份工作并不容易，不像现在这样到处都是创业的机会，而当时秀强股份在宿迁已是一家小有名气的企业。

在加入秀强股份之前，高雷深受家庭问题的困扰。他婚后的生活充满了柴米油盐的琐碎和磕磕碰碰，这让他非常头疼。他面临着夫妻关系以及婆媳关系的难处理等困扰，这些问题也影响了他的工作状态。

秀强股份的孝善文化为他提供了一个解决问题的新思路。有一次，卢秀强注意到高雷状态不对，还特意关心他。卢秀强是文化的倡导者，他也会给员工支招如何处理好家庭矛盾。

在秀强股份，高雷的成长路径是从车间打杂开始，一路升到副班长、班长、分厂长。高雷执行力特别强，总是努力去达成上级想要的结果，

第五章 秀强文化实践英雄谱

从而突出自己的闪光点。

高雷通过在秀强股份学习并实践孝善文化和红色文化,对处理家庭问题和工作关系有了更深刻的理解。他尊重每一位员工,关注他们的感受和成果,认为这是提高团队凝聚力和向心力的关键。他倡导员工间的互相尊重,通过培训和激励机制来提升员工的整体专业能力。

高雷认为,公司应搭建好平台,完善组织框架、岗位职责、目标计划、质量标准等,使分厂能够高效运转。同时,他强调员工参与经济指标设计的重要性,认为这既能提高员工的积极性,也能使公司资源得到更高效的利用。

高雷

高雷的团队在安全生产和成本控制方面进行了创新,通过全员参与和资源配备,员工对产业链有更深入的了解,这种创新也扩大了公司的利润空间。

高雷认为,传统文化是工具理性和价值观的集中体现,可以指导我们正确地做事。他重新审视了儒家思想和中国的优秀传统文化,认为这些文化可以促进民用和睦、上下无怨的关系。这种关系的建立对提高工作效率、减少内耗、促进团队间的合作和创新都起到了积极的作用。

高雷将这种管理理念落实到工作中,分厂的整体人均效率提升了

30%，当月成本下降了20%，而这一切并没有增加设备和更换人员，只是改变了思维方式和管理模式。这种改变减少了内耗，使所有人的力量聚焦于一个目标，从而更快、更直接地实现了业绩的提升。这充分证明了高雷的管理理念和方法的实用性和有效性。

3. 企业内部家庭制，让每个员工的家庭实现幸福

高雷认为，人与人之间的沟通不畅会造成沟通成本的浪费，需要花费大量的时间和精力来处理。时间就是工作的成本，因此他对员工的尊重和关注是至关重要的。

当一位员工的母亲请求他帮助解决儿子的单身问题时，高雷迅速采取行动，发动所有的班组长为这位同事找对象，并奖励那些成功帮助员工解决个人问题的人。

这种做法不仅体现了高雷对员工的关心，也符合他在公司中推行的家庭制度理念。他认为，公司就像一个大家庭，每个员工都是家庭的一分子，他们的个人问题也是公司的问题。因此，他积极为员工解决个人问题，并设立了一个红娘团来专门帮助员工解决婚姻问题。

针对相亲，公司文化宣传部部长邀请形象顾问进行专门的培训，并为家庭困难的员工提供资产规划和奋斗目标制定等支持。这些措施不仅让员工感受到公司的关怀和重视，也让他们更加珍惜工作和公司的家庭氛围。

通过建立家庭制度，秀强股份带动并影响了每个员工的家庭，这种影响又通过每个员工家庭传递到他们周边的家庭，持续的人文关怀让他们感受到归属感、安全感、价值感和尊重感。这种关怀不仅提高了员工的人格尊严，也提高了他们的社会责任感。

高雷的目标是让自己的家庭越过越好，子女受到更好的教育，自己能赚到更多的钱来支撑家庭幸福。这个目标与秀强股份的目标一致，因此全体员工一起努力奋进。

第三节 钻石经营模式的力量

"秀强人"故事——蔡满（厨电一分厂大管家）

蔡满厂长在给下属批假时，展现出了对员工的深厚关怀。他温和地告诉这位一线员工，下次可以把假条放在"家长"或"管家"那里，以免在大热天特意跑一趟，并耽误自己的时间。这种关怀是秀强文化和钻石经营模式的价值体现。

1. 感受到钻石经营模式的力量

蔡满于2015年进入秀强股份，他见证了钻石经营模式的创建及其展现的效果。

秀强股份自2008年起，由卢秀强总经理引领，将优秀的企业文化与生产管理系统相结合，旨在滋养全体员工的心性，并赋予他们物质与精神的双重幸福。这种企业文化的导入，为秀强股份的成长奠定了坚实的基础。

2021年秀强股份开始搭建钻石经营模式，包括一些相关的体系，基本成型后，就开始在其他分厂进行推广。钻石经营模式完全符合秀强企业文化氛围——孝善家文化，其核心理念在于将家庭的概念深入到企业的运营中，以家庭组为单位进行管理和生产。

这一变革带来了显著的效果。员工们更加注重和谐的家庭关系，同事之间的关系也变得更加团结，自主的生产意识显著增强，企业和员工更加重视创新。这些变化使得企业管理和员工关系更加和谐，员工们感受到了文化与生产的对等关系，并体验到了文化给生产和企业经营带来的巨大价值。

在钻石经营模式的推动下，秀强股份的组织架构也发生了根本性的变化。基层一线员工被置于最顶端的位置，所有家庭成员被划分为家单元。计划、质量等模块转变为资源保障部门，而每个家庭则成为主导生产的单元。这种变化使得企业的运营更加灵活，同时也加强了员工的团队精神。

通过以家庭组为单位的管理方式，员工们更加关注团队的合作和互相支持，这有助于提高生产效率和产品质量。同时，企业也更加关注员工的个人发展和福利待遇，提供更多的资源和服务支持。这种经营法不仅赋予员工更大的自主权和责任感，也为企业的发展注入了新的活力。

2. 从关注产量到关注人

在导入钻石经营模式之前，秀强股份主要关注的是生产的数量，即产量的高低。这种关注点的结果是，虽然产量上去了，但员工可能会感到疲惫和焦虑，导致员工的工作状态出现了一些问题。同事之间沟通如果不顺畅，自己的心情就不愉快，工作的时候就会大意，出现安全事故、质量事故等一系列相应的问题。

导入钻石经营模式后，秀强股份的关注点发生了重大的变化。首先，企业开始更多地关注人，尤其是生产一线的员工。这种关注点的转变实际上是强调了对员工的尊重和重视，让员工感受到自己的价值和重要性。

除了对人的关注，秀强股份也开始注重生产的整体过程，而不仅仅是结果。这种关注点的转变可以帮助公司更好地了解生产过程中出现的问题，并及时解决，从而提高生产的质量和效率。

此外，钻石经营模式还强调了对产品质量的把控，而不仅是数量的多少。这种关注点的转变可以帮助公司更好地控制产品的质量,提高产品的稳定性和可靠性。

在处理问题的方式上,秀强股份也发生了变化,不再是简单地责骂员工,而是找到问题的真正原因并想办法解决它。这种处理问题的方式可以让员工感到被尊重和被理解,同时也可以提高解决问题的效率。

思想是潜移默化植入的,心也是逐渐被温暖的。钻石经营模式的推广还强调了营造家庭的氛围,让同事之间的沟通更加顺畅,关系更加和谐。这种氛围的变化可以让员工感到更加舒适和安心,从而更好地投入到工作中。

员工子女助学金发放

3.如何贯彻新理念

作为一位领导者,蔡满更愿意将自己视为一名服务员,服务好上一层级的家人。为了更好地履行这一职责,他积极投身于企业文化培训、产线专业培训,并时刻关注产线上的反馈。

为了确保服务到位,他每月会定期组织两次员工满意度评价活动,并对管家等岗位进行细致的测评。他高度重视来自一线的反馈,一旦发现不合格的情况，会立即进行整改。管家岗位是通过选举产生的，这也体现了他对员工的信任和尊重。同时，他还会根据经营结果对管家进行综合评价，连续表现优秀的管家将得到肯定和奖励。

蔡满积极鼓励每个人都充分参与到分厂的经营管理中来。事实上，分厂是一个大家庭，它的经营状况直接关系到每一个人的利益。分厂虽然享有独立核算的权利，但仍然需要考虑整体的效益和经营成果。厂长在这个过程中扮演着重要的角色，他们需要具备强烈的效益观念，并将其作为工作的关键指标。员工的KPI都围绕这个核心展开，从产值、产量、人均效率到成品质量、人员流失率等各方面进行全面考核。公司会根据历史同期数据为员工设定相应的指标，所有厂长都必须围绕这些指标开展工作。

钻石经营模式是将企业文化转化为生产力的独特方法。这种方法使文化不再是纸上谈兵，而是能够真正创造价值并使企业持续盈利的重要因素。通过钻石经营模式，公司不断改进和完善各项制度，使它们更好地服务于企业目标。通过一线员工、各家长、管家等渠道收集关于成品率、产线人员思想动态等信息，蔡满能够全面了解并及时解决存在的问题。这种做法充分体现了他的使命感和初心，也激发了一线员工的积极性和主动性。员工不仅有丰富的实践经验，还对许多问题有着独到的见解。只要是有利于提升产能、提高品质、增强效率等各方面的建议或方案，他都将积极采纳并付诸实施。这种做法不仅提高了员工的参与感和归属感，而且使员工在实践中不断成长和进步。

秀强股份注重通过导入文化和建立家文化氛围来营造和谐的工作环境。在日常工作中，蔡满倡导彼此关爱、互相帮助的理念，让员工感受到大家庭的温暖。公司通过各种宣传手段积极传播正能量，形成了积极向上的企业文化。

秀强股份有明确的"三大纪律"。第一是一切行动听指挥；第二是不能"吃""拿""要"，这是公司对廉政作风的严格要求；第三就是孝顺父母,尊重家属。这三点作为等级晋升、工资提升的评定标准之首,无论是基层、中层还是高层,只要违背其中任何一条就直接开除;情节较轻者,直接降职、停职,至少评级、晋升是无缘的。

公司会关注并调研每个人家庭的情况是否和谐。如果有问题出现,公司会尽可能地进行帮助和引导。工会也会介入并给予支持与帮助;同时分厂也会配合工会的引导工作。公司提倡"快乐工作,快乐生活",生活好了,工作自然就会变得更好。

4. 最值得自豪的一件事

在厨电二分厂,蔡满担任质量负责人的那段日子,整体的产品良好率从23%提升到了70%以上,这一成就令人瞩目。蔡满不仅具有明确的目标感,还经常与分厂员工一起工作到凌晨一两点钟,共同解决问题。他们的努力使整体良好率得到了显著提高,这个数据已经达到了行业的领先水平。

厨电二分厂刚开始主要从事厨电玻璃的生产,包括灶台、油烟机、烤箱、洗碗机等系列的玻璃产品。在起步阶段,生产线刚刚投入使用,产品质量极不稳定,大量的产品甚至无法通过20片或100片的检验,导致较高的报废率,损失较大。

由于质量岗位长期招不到合适的人,蔡满主动申请调岗,尽管他在生产线上并无经验,但他决心深入学习并了解生产流程。通过恶补,不到3个月的时间,他就已经对所有工艺流程了如指掌。他继续努力,用不到1年的时间,将分厂的产品良好率从23%提升到了70%。

这段经历使蔡满收获颇丰,也为他今后的工作提供了信心和价值感。他的故事展示了决心、毅力和成功之间的关系,是一个鼓舞人心的例子。

第四节 传统文化在工作和生活中的应用

"秀强人"故事——高猛（家电四分厂负责人）

优秀的传统文化源远流长、博大精深，是中华民族智慧的结晶。新时期，习近平总书记更是将中华优秀传统文化提升为"中华民族的基因""民族文化血脉""中华民族的精神命脉"。秀强学习传统文化已十余载，作为走在传统文化学习前列的"秀强人"，他们在倍感自豪的同时，也希望通过学习与运用让自己变得更好。

第五章 秀强文化实践英雄谱

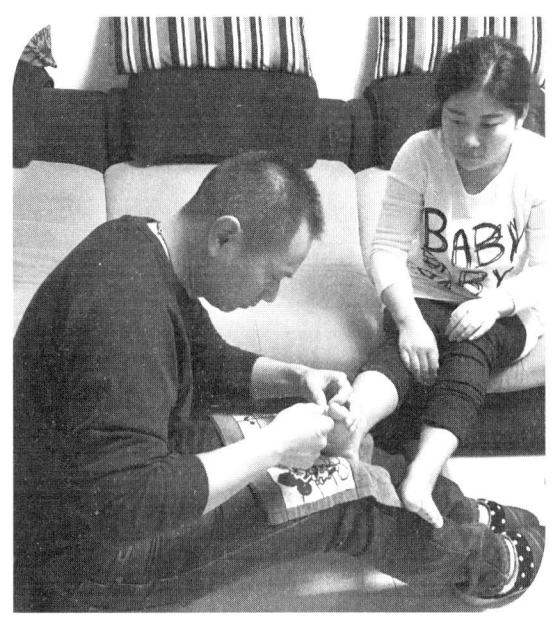

高猛给家属洗脚

高猛在 1999 年加入秀强股份，目前为家电四分厂负责人。他经历了公司多次发展和变革，从新星公司、秀强玻璃、江苏秀强到秀强股份，他作为一名资深管理者，也随着公司的发展而成长。他回忆起当初进厂面试时，"安全生产、质量第一"对他的深刻教育，这句话也一直提醒着他，所有的业务开展都要以安全保障为前提。

高猛在生产线接受培训后，通过努力学习和实践，逐渐掌握了擦片、夹片、出炉、印刷等岗位技能。他在公司第一台水平钢化双室炉安装后，逐渐成为炉前印刷的主力。同时，他也不断学习电脑知识，从简单的打字排版到表格的运用都有所掌握。

2003 年总部成品库需要补充仓管员，在卢秀强面试确定后，高猛正式获得仓管员试用的机会，也由此与成品仓库结下了 5 年多的"友谊"。从一名生产一线的操作工到每天核发货物、学习金蝶 K3 账务处理，这一切对于高猛来说又是一个挑战。好在高猛前期已学会了电脑的相关操作，他很快掌握了金蝶 K3 账务系统操作。

在成品库工作期间，高猛经历了新飞173K盖板、172CH层架、172E层架订单量猛增的时期。当时的成品仓管员只有他一个人，每天要和车间对接办理入库、金蝶K3账务处理、发货层架盖板以及出口货柜等。为了保障发货数量的准确性，他要在仓库数一遍，装到车上再确认一遍，必须保证两遍都一致才开单发出。有一次在老北厂西厂的办公楼前，几辆大车整整装了一夜，全部结束后，高猛倒头就在叉车上睡着了。同事看到他这样，也主动加入帮忙核对数量、核对型号。在仓库的这几年时间里，他从未导致货物迟装、迟发情况的出现。

高猛在彩晶一分厂的经历是他刻骨铭心的记忆。原分厂计划员申请岗位调整后，高猛得到几位领导的赏识推荐，接触到计划员的岗位。这个岗位需要与市场做好沟通协调，还需要懂人、机、料、法、环等各个环节。为了学习工艺，高猛拿着工艺单和玻璃到生产线找老师傅请教；为了弄懂玻璃印刷层次，他跑到车间里面逐一观察；每天早早来到厂里核对计划达成情况，了解员工的生产状态，听取他们对计划排产的意见，思考如何让炉子利用率最大化，生产效率如何提高，如何在保质保量的前提下稳步提升等。在高猛加班加点的不懈努力和团队同人的指导帮助下，彩晶一分厂成功地完成了市场各批次订单计划，他也因此有幸从计划员岗位上升到分厂负责人的角色。

公司整体南迁新厂区后，新车间如何规划、厂房面积如何最大化利用、日本松下专线需要怎么设计等问题接踵而至。高猛每天往返于南北厂区，既要做好南厂区规划，又要保障北厂区的生产。在团队的共同努力下，彩晶一分厂顺利完成了规划、施工、验收、搬迁、生产的全过程。

搬迁的那天是周日，现场开会分工有序，大家配合默契，都在抢着干、想着干。在团队的共同努力下，原彩晶一分厂一工段的工装、检验台、包装箱等材料一天全部转移到位，保障了次日开班试产的所有需求，也为新厂区的顺利推进开了好头。当时彩晶一分厂内部的口号是"接一切高端产品，做人家不能做不敢做"。公司从国产彩晶转型到主打日本松下、夏普、东芝等产品。面对更高要求的客户的严苛标准，团队积极做好与市场的协调工作，每天多次对生产进行培训等。大家迎难而上，不怕流血流汗，困难面前不屈不挠，没有一句抱怨的话。大家一起想办法保质保量，通过公司各级领导的帮助，终于得到客户的认可。老彩晶一分厂这辆重卡顺利开上了高速，并在后期又顺利投产了二工段弯钢产品、三工段大冰箱产品，为公司做出了巨大的贡献。

管理始于现场，终于现场。高猛全身心地投入到工作中，加班是常有的事。劳累了一天的他疲惫地回到家倒头就睡，也没有精力再想着如何经营家庭，这也让家庭成员在沟通上出现了障碍。于是矛盾接踵而来，甚至也有过过激的行为。

随着家庭教育培训的不断深入，员工的幸福指数处于不断的提升中，高猛的家庭也因此受益。"我错了，我帮你"等很多通俗易懂的道理，不单单让家庭受益，更让员工在工作中受益匪浅。2019 年，光伏事业部玻璃模块的生产因公司战略下马停止，曾经一起奋斗努力过的家人们，满含热泪地离开了熟悉的岗位，在多次面对面的沟通努力下，所有人员都得到了妥善的安排，更让高猛深刻认识到沟通的重要性。

在过去的二十年里，高猛经历了许多挑战和成长。回首这段路，他心存感激，感谢一直帮助和支持他的家人和领导，更感激传统文化对他的深远影响。在这个浮躁的现代社会，学习传统文化显得尤为重要。高猛认为，每个人来到这个世界上都是一个不断学习的过程。因此，他一直致力于自我提升，不仅在工作中提升了学历，还积极加入秀强党组织，利用休息时间带着孩子去雨花斋做义工，让孩子在接受书本知识的同时，更要学会感恩。

高猛一直铭记卢秀强说过的，人生有两本书，一本书是上学时的课本，另一本是进入社会后的经验之书。由于家庭条件的限制，高猛在上学时没有机会好好读完这本书。因此，他下定决心在进入社会后，尽全力奋斗，弥补过去的遗憾。

2019年8月，高猛通过竞聘获得了新部门负责人的职务，这是他人生中的一次重要转折点。他明白，这个新角色意味着更大的责任和挑战。但他也坚信，只要以饱满的热情去面对，任何困难都可以克服。为了迅速组建团队攻坚克难，高猛积极学习新领域的知识和技术，并鼓励员工与他一同成长。他深知，公司是员工成长的后盾，因此他时刻提醒自己要勤奋学习、学以致用，用实实在在的业绩来回报公司的培养之恩。

作为秀强股份的一员，他以坚定的信念和不懈的努力，带领团队迎接新的挑战，为秀强的明天贡献自己的力量。同时，他也将感恩之心渗透到工作和生活的每一个角落，让更多的人感受到传统文化的力量。

在这个充满机遇与挑战的时代，高猛以更加坚定的步伐勇往直前。他相信，只要保持对知识的渴望和对生活的热爱，就能走出一条属于自己的道路。在未来的日子里，高猛将继续以积极的态度和敬业的精神，为实现秀强的目标和发展做出更大的贡献。

秀强股份作为行业内的佼佼者，一直以来都注重员工的培养和成长。高猛的成长历程充分体现了秀强股份的人才理念和培养机制。他通过自己的努力和坚持，不断提升自己的能力和素质，成为公司的中坚力量。同时，他也通过自己的行动影响着周围的同事和家人，传递着向上的精神。

第五节　家庭和睦才能更好地工作

"秀强人"故事——李士金

李士金和江波夫妇同在秀强股份工作，他们俩都获得了秀强股份的所有荣誉称号，并且先后被评为秀强股份的"十大好媳妇""十大孝子"，更是获得了象征公司最高荣誉的"秀强人"称号。这些荣誉不仅是对他们个人能力的肯定，更是对他们付出和努力的最好回报。

1. 家有慈母，人生最大的富足

李士金和江波夫妇是这个家庭的核心，他们以身作则，用行动诠释着中国传统文化的孝道。母亲作为这个家庭的长辈，一直保持着中国女性的传统，默默地付出和奉献。

在李士金的记忆中，母亲就是典型的农村母亲的形象，不论是对待家人还是对待邻里，她总是充满了爱心和耐心。小时候，母亲总是把饭菜做好，然后让家人先吃，自己却总是吃剩下的饭菜。有时候菜被孩子们吃完了，她就只好用剩菜汤将就一下，每次吃完还要自己洗刷一番。母亲的衣服也总是补了又补，但她从未抱怨过。母亲的通情达理也让她在村里赢得了许多人的尊重和爱戴。

每天早上，李士金和江波夫妇出门上班前，母亲总会再三嘱咐他们要注意安全，不要做违法的事情，要与人为善，吃亏是福。每天下班后，

母亲总会等在家门口，迎接他们回家。她的这些举动让李士金和江波夫妇心里感到非常温暖，也让他们更愿意与母亲有说有笑地聊天。

李士金曾在四川当兵并在部队里成家。在部队期间，他的父亲因病去世，料理完后事，他想要把母亲接到四川安度晚年。然而，母亲不愿意离开故土。当时李士金已经退伍并被分配到四川省遂宁市公安局工作，他的妻子也在四川遂宁市的一所公办小学任教。一边是老母亲需要照顾，一边是稳定的工作，经过夫妻俩协商，他们决定放弃这份优厚的工作，回到母亲的身边来尽一份孝心，给母亲一个幸福、健康的晚年。

当他们回到家里时，江波甜甜地喊了一声"妈"，并告诉母亲："从现在开始，我们就不离开家了，您老人家就安心吧。"看到母亲流下了高兴的眼泪，李士金也默默地站在一旁，心中既为母亲的晚年有了依靠而高兴，又感激妻子江波的通情达理。

在接下来的几年里，母亲因为生病住过几次院。每次住院期间，夫妻俩都全心全意地照顾母亲。当全家人聚在一起时，也是母亲最开心的时候。

2. 过的是天堂里的日子

李士金和妻子江波在工厂里工作，虽然是在同一个车间，但从事不同的工种。为了能让家里不缺人，夫妻俩主动要求调班，不在同一个班组里。所以，他们通常只能在车间交接班的时候见面。而每次交接班时，他们说得最多的话题就是关于母亲。母亲今天在家怎么样，需要注意什么等。加上两个小孩上学，全家两三个星期才能聚在一起吃顿饭。吃饭的时候，孩子们都会争着为母亲夹菜。吃过饭，母亲却坚持自己洗碗，儿女也不想让她操劳，可是母亲说："只要我还能动一天，就帮你们一天，为你们减轻一天的负担。等到我不能动的那一天，再让你们来孝顺我。"每当母亲说这话的时候，李士金和妻子都很难过。

随着母亲年龄的增长，她的身体也开始出现一些问题，主要表现在两个方面：一是母亲的眼睛不太好，二是母亲有严重的关节炎。为了给母亲治疗眼疾，李士金夫妇四处打听，还从网上查找资料，只要有能看好母亲眼睛的方法，他们都会尝试。医生提醒说，母亲的眼睛不能受强烈的阳光刺激，在春天也不能受到风吹。因此，李士金给家里的院子装上了遮阳网，春天尽量减少母亲外出的时间。母亲患有严重的关节炎，为了能让母亲减轻一点痛苦，江波每天都用热水给母亲焐关节。夏天晚上母亲和孙子孙女一起看电视时，孙子孙女会主动拿毛巾给母亲包上腿，防止空调冷气侵入；冬天给母亲买上狗皮护膝，力争不让母亲受到一点风寒。幸运的是，在李士金夫妇的关照下，母亲的眼睛逐渐好转起来，关节炎也没有加重。

李士金家庭合照

母亲爱吃豆腐脑，夫妻俩在下班的时候就会从路上带一些回家，热乎乎地让母亲吃。平时看到市场上有新鲜的食品时，夫妻俩也会不约而同地带回家。看到母亲吃东西时那种幸福的样子，他们觉得为母亲付出再多也是值得的。现在两个孩子也都学会了孝敬奶奶，平时的零用钱他们会省下一些给奶奶带零食回来。每次母亲都会责怪他们乱花钱，挣钱不容易，而李士金夫妇都会回答："只要孝敬你的就不叫乱花钱。只要你爱吃,我们每天都买,大家都开心。"

母亲经常在和老家亲邻们聊天时说:"我现在过的是天堂里的日子。"并且表示要好好过下去,争取活到100岁。看着亲邻们羡慕的眼神和表情,母亲也感到脸上有光。

3. 孝心感动了上苍

在李士金的记忆中,妻子江波和母亲大声地说过一次话。那是在一个冬天的夜晚,妻子下夜班回家,发现母亲在屋里洗衣服。妻子心疼母亲,责怪她不应该做这么多家务。母亲站在一边,小声地解释说自己想为孩子们做些事情。妻子感动得哭了起来。

2019年冬天,老母亲又一次生病住院,江波就请假在医院照料母亲,也许母亲感觉到自己时日将近,就在一天夜里和江波说:"孩子,别难过,我这一辈子也知足了,有你这样的好孩子,我什么都满足了,到了那边,我还会保佑你们平平安安的。"江波听后,哭得更加厉害了。母亲连续昏迷,已经四天粒米不沾,怎么喂饭都喂不进去,只能靠输营养液维持。而夫妻二人的工资也不高,李士金和江波就从朋友、亲戚那里借钱给老母亲治病,他们只有一个想法:"我们不能没有妈妈。"李士金下班就联系江波的老家人、联系战友看有没有能治疗母亲的偏方。最后连医生都放弃了,告诉他们夫妻俩:母亲最多还有一个星期的时间,你们该给老人家准备后事了。江波听后大哭不止。正好李士金的女儿在这个医院做护士,她就找到主治医生下跪,求医生一定要想办法治好自己的奶奶。

也许是李士金夫妇的孝心感动了上苍。在一天深夜,母亲奇迹般地清醒了过来,当时就要吃一点稀饭。江波高兴得都糊涂了,愣在那里,还不相信这是真的。缓过来之后,当即打电话给女儿,将家里熬好的米粥用微波炉热好送到医院。原来,虽然婆婆不能吃饭,但江波还是每天在家里做新的米粥,将米粥熬得稠稠的,随时准备喂婆婆,今天终于用上了，她内心十分高兴，第一时间打电话给还在上夜班的丈夫李士金，用激动的声音大声地告诉他这个好消息。

李士金的父亲是一位抗日战争和抗美援朝的战士，身上有多处枪伤，直到临终时还有两个弹片没有取出。父亲决定回家务农时，说这是他向战友赎罪的方式。2001年，父亲临终前留下遗言，不允许他们找公家照顾。母亲遵照父亲的遗言，即便家里是最困难的时候，也没有找国家要任何照顾。母亲传给了李士金自立自强的生活信念。

4. 孝道传承一代又一代

李士金的两个孩子都展现出了极高的为人处世的品德，他们不仅知道如何孝敬老人，还懂得与同学们团结友爱，同时学习成绩也非常优异。大女儿在大学毕业后顺利进入乡医院工作，母亲看到一家人的幸福生活，感到非常满足。他们的为人处世之道便是受到了父母的影响。

在四川工作并安家后，父亲去世，母亲便独自生活。李士金无法安心工作，每天忧心忡忡，担心母亲在家中的生活状况。妻子江波察觉到了他的忧虑，温柔地对他说："李士金，你每天都有心事，我知道你放心不下咱妈。我们不如辞职回老家吧。"

说实话，两个人同时辞去公职并不是一件容易的事。李士金心中有所顾虑，但江波的主动提出让他感激不已。当江波的家人得知她要辞职回到江苏宿迁时，全家都坚决反对，甚至以死相逼。夫妻俩也曾想过将母亲接到四川，但母亲不愿意离开老家，也不愿意离开父亲（父亲的坟茔就埋在离家不远的村子东头）。

最后，江波坚决地说："如果因为咱妈在家没人照顾使你有压力，我们家庭还有什么幸福可言？再说，我结婚后，本来就是你家的人，跟着你是天经地义的事情。只要我们家庭能幸福，做什么都是应该的。"

就这样，夫妻二人辞去了公职，回到了母亲身边。他们用行动传递着对家庭的关爱和对孝道的坚守。

江波在 2009 年被评选为第一届秀强文化节"十大好媳妇",李士金则在 2010 年被评为第二届秀强文化节"十大孝子"。这两块奖牌成为他们家最看重的东西,摆放在家中最显眼的位置。他们的家庭先后被评为宿豫区五好家庭、宿迁市文明家庭。这些荣誉无疑是对他们付出和努力的最好肯定。

特别是自从秀强股份开始学习中华优秀传统文化以来,李士金和江波更加深刻地意识到孝顺母亲的重要性。他们用自己的行动践行着孝道,为子孙树立了良好的榜样。

所有人都知道孝道是自己应该做的,只是没有对比,发现不了自己的不足。然而,一旦通过与其他人的交流和观察发现了鲜明的对比,自己内心深处潜在的孝心就会被激发出来,成为完成自己人生责任的一种动力。

第六节　大爱的领导，孝善的秀强人

"秀强人"故事——李娜

李娜，一位始终坚守在一线岗位的女工，自20岁加入秀强股份以来，已经在公司工作了22年。她以勤奋的工作态度和无私的奉献精神，在家电一分厂网板产线上留下了深深的印记。

十几年前，秀强股份引入了孝善家文化，这一举措对员工产生了深远影响。同事间的婆媳矛盾从此消失，取而代之的是和谐、友善的工作环境。每年母亲节，公司都会组织庆祝活动，邀请员工的家人共同参与，感受公司的关怀。

员工培训2

秀强股份与众不同的地方在于,他们不仅关注生产,还关注员工的生活和家庭。公司提供的国学班让员工的子女们学会了尊老爱幼、爱护弟妹,使得家庭关系更加和睦。卢秀强关注并投资员工下一代的教育,使员工在工作时少了后顾之忧。

李娜最大的收获是,通过参加公司组织的夏令营,她的孩子们变得更加懂礼貌、孝顺长辈。大孩子上过公司的国学班,现在十分爱护年幼的弟弟,三姐弟相处得十分融洽。国学班不仅面向员工,还着眼于员工的下一代教育,这是秀强股份的一项重要举措。

被评选为"秀强人"是李娜最难忘的经历之一。当时她在彩晶一分厂工作,在400多人的竞争中,她凭借自己的实力脱颖而出,成为唯一一个被选中的员工。这个评选机制公平、透明,让所有员工都看到了努力的方向和希望。

秀强股份对处于产假和哺乳期的员工给予特殊照顾。公司批准了产检的时间安排,并在孩子哺乳期时给予员工每天至少两小时的哺乳假。这种人性化的管理让员工们深感温暖。

卢秀强的领导风格赢得了所有员工的尊重和信任。员工知道,只要遇到困难,他们可以随时找到公司高层并得到帮助。这种相互信任和关心也体现在员工对公司的忠诚度上,这也是秀强股份价值观的体现。

第七节 荣誉背后的默默坚守

"秀强人"故事——陈宏波

陈宏波,这位现任江苏秀强玻璃工艺股份有限公司研发一部技术工程师,以其十多年的辛勤付出和坚守,为公司创造了一项又一项辉煌成就。

自 2008 年 3 月加入公司以来,他始终勤勉尽责,以执着和拼搏的精神推动着公司的发展。他的努力并没有白费,为公司赢得了一项项令人瞩目的成绩。

2019 年 5 月至 10 月,陈宏波参与了 TMI 冷雕工艺的市场调研,并在 10 月向客户进行了推荐。为了解决项目难题,他常常需要奔波于生产车间与偏远的山区客户试验基地之间,这 100 多里的路程,他每天要往返六七次,连续几个月的艰辛生活他早已习以为常。

试验基地的环境恶劣,弥漫着酸雾,对人的眼睛、呼吸道甚至皮肤都有刺激作用。然而,正是这种不屈不挠的精神,让他在面对酸洗工艺、肤感玻璃、绒钻玻璃等项目的技术瓶颈时,能够迎难而上,和团队一起攻克难题。

他连续跟踪调研一两个月的时间,工作到深夜是常有的事情。在不懈努力下,他终于熟练掌握了"TMI 冷雕工艺多触感功能性装饰面板"技术,得到了海尔、海信、三菱、三星等国内外知名客户的一致认可。

渐渐地,他将更多的产品项目上线推广,也受到了越来越多客户的满意肯定。

有一次,在绒钻玻璃生产过程中,成品率只有20%~30%,生产周期紧张,产品生产面临巨大挑战。陈宏波召集厂家所有工程师及生产人员,梳理问题、分析问题,各个击破,经过连续三天三夜的奋战,最终将成品率提高至95%以上。这样的案例在陈宏波身上不胜枚举。

每一分耕耘都带来一分收获!每一个项目上线后所获得的成就,都让陈宏波感到无比自豪,也让他更坚定地相信:只有通过破茧才能重生,展现出耀世的绚丽!

陈宏波

第八节　见义勇为的担当

"秀强人"故事——费小磊

当你看到在寒风中叫卖水果的老汉，你会心生怜悯吗？

当你遇到恶人寻衅滋事欺负他人，你会冷眼袖手旁观吗？

当你发现歹徒人多势众，你会胆怯而不敢出手相助吗？

下面讲述一个不久前发生在我们身边的真实故事，看看主人公是怎样用实际行动来回答这些问题的。

费小磊，男，33岁，宿迁人，家住市汽车总站附近，一位来自秀强股份的普通职员，他就是故事的主人公。3月5日傍晚6点左右，虽然已是春天，但这几日寒潮来袭，晚风吹得寒意倍增。天还没完全黑，下班回家的费小磊刚到小区门口，看到他经常光顾的水果摊依然摆在那里，水果摊上有他时常顺手买回家的苹果，一个个红润饱满还时而飘来阵阵香气，看着很诱人。水果摊旁站着的还是那位老汉，冻得不时搓着双手。以前费小磊买水果的时候和老汉闲聊过几句，知道老汉是双庄的，家中不宽裕，无奈一把年纪还骑三轮车出来卖点水果补贴家用，这几天天寒地冻的更是遭罪。

费小磊正准备进小区大门，这时对面来了四个小青年围在了水果摊前，从穿着打扮上看就知道是一群小混混。带头的那个二十出头，伸手在摊上拿了个苹果，一嘴痞气对老汉说要尝一个。老汉心痛苹果被这群小流氓白拿，理直气壮地回应："不行，要吃就得拿钱买。"带头的小青年一听就乍呼了，开始推搡老汉，后面的三个小青年也上前围着老汉，一边推老汉一边口出不敬之词。

这时费小磊过来拍拍带头小青年的肩膀，为老汉讲理说："你们年纪轻轻的怎么能合伙欺负一个老人家呢？这天寒地冻的出来卖点水果也不容易，要吃苹果花钱买就好了，别在这里动手动脚的！"

费小磊

小青年一听，更是气急败坏了，冲着他就是一通骂，骂着还伸手用力地把他往外推，动起手来。费小磊一边躲闪一边好言相劝，但对方仍是拳打脚踢。费小磊只得奋起反抗，他身材魁梧，顺势三两下就把带头小青年按倒在地，后面三个小青年一看要吃亏，看到水果摊有把削水果的小刀，其中一个便慌忙抓来趁费小磊不注意朝他胸口刺去。费小磊下意识用手臂一挡，小刀穿透衣服径直刺进了他的右手手臂，顷刻间，血就浸红他的衣袖，他忍着剧痛起身两拳又将凶手制伏，按在地上。见到伤人了，剩下的两个小年轻慌乱跑了，这时周围的人都聚拢过来帮着控制住歹徒并且报警，后来两个小青年被赶来的民警带走。

随后费小磊就赶往医院处理伤口,因为疼痛加剧,胳膊都很难抬起来。医生告诉他,还好小刀不是很长,不然穿透手臂就更麻烦了,虽然伤到了血管,但没有伤到骨头,伤口缝了四针。陪他去医院的老汉看着他那刚包扎好的手臂,感动地闪着泪光,执意要给他付医药费。他拒绝道:"没关系的,我伤能扛得住,您老人家也不容易,医药费不能要您出,天不早了,您还是收拾收拾回家吧。"老汉拗不过费小磊,只得收起手中的钱,和他告别回家了。

次日,公司在上海布展活动,作为前沿研发室的技术骨干,费小磊想都没想依然按计划早上六点就赶往上海。从布展到展览的整个过程中,他没有因为手臂有伤而影响工作,兢兢业业地做好自己的工作。回到旅店,自己忍着疼痛换药,直到一周后展览结束回到宿迁,才去医院重新包扎。

当同事看到费小磊那整条淤青的手臂时,问他出手帮助老汉时是怎么想的,他笑着说:"在那个时候,谁看到有人欺负老人家都会去帮助的,我只是做了一个年轻人该做的事情。"

在一个有老人跌倒要不要去扶都需要讨论的时代,费小磊用行动给了我们非常正面的回答。是的,这就是年轻人应有的担当!

第九节 暖心的层架车

基层故事——暖心的层架车

有一天,磨边工序质检岗迎来了一位新员工,虽然年纪稍大,但仍然满怀热情和决心。然而,由于技能的欠缺,她经常无法达到家庭小组的产量目标,这让管家马树畅深感焦虑。

马管家从作业标准到动作技巧,不厌其烦地手把手教授这名员工。然而,情况并未如预期般改善,这名员工的技能提升缓慢,令马管家感到挫败。

在一次晚上的碰头会上,高猛厂长了解到马管家的困扰,他深知在目前人员紧缺的情况下,替换这名员工的难度很大。同时,他也了解到这名员工的学习能力有限,并非不努力学习。

第二天,高厂长和马管家一起找到了这名员工,感谢她付出的努力,并了解她的困扰。员工反馈说,主要是目前生产的窄条产品需要不停地取放玻璃并整理纸,让她感到手忙脚乱。

高厂长思考片刻后提出,如果为她配备一辆层架车作为辅助工具,将玻璃直接放在层架车上,省去整理纸的步骤,就能够减轻她的负担。员工听到这个建议后,明显松了一口气。

马管家立即协调资源,落实了层架车的配备。从第二天开始,这名员工的工作效率明显提高,技能不熟练的问题得到了有效解决。

这个案例让马管家深刻反思了自己的管理方式。他意识到，作为管理者，不能仅仅站在自己的角度看待问题，而应该从员工的角度出发，积极寻找能够帮助他们解决问题的方法。

通过这个事件，马管家学到了如何更好地帮助员工胜任工作，而不是一味地指责和批评。他深知每个员工都是宝贵的资源，只要用心去引导和帮助，他们都能发挥出自己的潜力。

附 录

秀强文化探索之路主要包括四个方面：企业管理、人生哲理、家庭和睦、教育子女。四大收益是身体健康、家庭幸福、事业顺利、子孙昌盛。

附录1 秀强文化基本法则

一、企业管理

企业管理的核心理念是：优秀文化育人，科学管理做事。

1. 一生不为自己活着，一生不为钱活着；愿做一块社会文明进步的铺路石。

2. 别人睡着了，我醒了；别人醒了，我赶路了。

3. 工作即是修行，工作即是养生。

4. 先义后利，以义制利。

5. 榜样、理想、灵魂、信仰。

6. 最大的利他就是利己。

7. 一定要善于思考，做个有心人。

8. 最好的管理就是管好自己，教育自己，感化他人。

9. 一分恭敬，一分利益；十分恭敬，十分利益。

10. 三大纪律：一切行动听指挥；不吃拿卡要；孝顺父母、尊敬家属。

11. 深入一线，不要将过去的经验拿到今天来用。

12. 我的工资是客户给的，我是员工的服务员，员工是老板的衣食父母，客户是员工的衣食父母。

13. 不仅为客户提供产品，更要为客户提供优质系统的解决方案。

14. 比生存更重要的是生活，比生活更重要的是生命，比生命更重要的是觉醒。

15. 以往大家都认为生意的本质就是价值交换、利益交换。其实，带着良知和觉悟的生意本质是施恩与报恩。

16. 中华优秀传统文化的两个内涵：自强不息、厚德载物。

17. 中华优秀传统文化的核心：百善孝为先。

18. 我们是孝善文化之舟的搭客，也是孝善文化之舟的划桨人。

19. 优秀传统文化不在于表象，而在于实践。优秀传统文化现代化、优秀传统文化实用化、优秀传统文化生活化。

20. 优秀传统文化不是将人培养成小绵羊，而是教人透过现象看本质，教人智慧，教人识别真伪。

21. 文化就是教育自己，影响他人。

22. 最大的文化就是时时处处为他人着想。

23. 只有文化共识，才能一起走向成功。

24. 知识不等于文化，文化人应具备根植于内心的修养、没有监督的自觉、在约束下的自由、为别人着想的善良。

25. 学习优秀传统文化四大收益：身体健康、家庭幸福、事业顺利、子孙昌盛。

26. 一群人，一件事，一辈子，一起走。

27. 聚是一团火，散是满天星。

二、人生哲理

秀强文化中优美精辟的人生哲理，读后让人醍醐灌顶。

1. 应养成自觉的习惯，在工作中勤动脑、勤动手、勤动腿，用勤奋换来人生的辉煌，创造自己的人生价值。

2. 人生在世不仅在做事，更重要在于做人。

3. 被动的付出就是失去，主动的付出定将回报。

4. 糊涂的人常常为事赌气，明白的人着眼解决问题。

5. 人类三大永恒定律：困惑、需求、向往。

6. 事业是度人的平台，金钱是利人的工具。

7. 任何经营，都是积功累德的工具。

8. 成大事者必有大德，有大德者必得天助。

9. 一切现象，都是能量，是根据能量守恒定律转化的结果。

10. 我们需要的，不是改变世界，而是改变我们自己的世界观。

11. 改变别人不是目的，成长自己才是关键。

12. 高度决定事业，角度决定思路，尺度把握人生。

13. 人性容易被利益诱惑；规避风险的高招就是积德行善。

14. 人生在世不为物质的盛宴，而为灵魂的修炼。要用自己有限的能力多做善事，虽然目前我们心头笼罩着"雾霾"，传统文化会使每个人的心灵得到净化。

15. 上善若水（做人像水一样）。水奔流不息，是哺育一切生灵的乳汁；水没有一定的形状，或方或长，流必向下，和顺温柔；水穿山岩，凿石壁，从无惧色；万物入水，必能荡涤污垢。

16. 对上要敬，对下要慈，对人要和，对事要真。

17. 心态要阳光，行为要端庄，思想要健康。

18. 愚蠢的善良就是作恶。

19. 只要成长不要脸，只有成长才有脸。

20. 善良有尺，忍让有度。

三、家庭和睦

家庭和睦，体现的是"仁者爱人"。

1. 优秀单身青年，想幸福一生，请到秀强股份来。

2. 家庭应该是爱、欢乐和温暖的殿堂。

3. 用生命呼唤生命，用爱唤醒爱。

4. 家，是讲情的地方，不是讲理的地方。

5. 父母是我们最大的福田。

6. 媳妇，从小在她娘家长大，没吃我们家一粒米，没喝我们家一口水，嫁到我们家生了孩子，随我们家的姓，如果我们对媳妇不好，就是不仁义、不厚道。

7. 婆媳之间的相处之道：婆婆对儿媳，视同己出的疼爱；儿媳对婆婆，发自内心的关爱。儿媳对婆婆的关爱，就是家庭幸福的源泉。

8. 夫妻不和就是对自己家族的伤害，婆媳关系不好就是自己生病的根源。

9. 父母是原件，孩子是复印件，家庭是复印机。孩子没有教育好，责任在于父母；孩子没有成才，父母就是根源。

10. 在家庭的收支账目上，好情绪是资本，坏情绪是成本。

11. 诸事不顺，皆因不孝。

12. 家学概念的通俗定义：家风，家长的口碑；家教，孩子的样子；家规，家庭的公约；家训，长辈的唠叨；家谱，家族的记载；家祠，家人的教堂。

13. 家风影响命运，好家风便是好命运。

14. 把爱传出去，将幸福带回家。

15. 原点错不犯，人生少缺憾。

16. "对不起"是世上成本最低、最消怨气的礼物。

17. "可以吗"是世上最尊贵的礼节、最贵气的语言。

18. 五子登科：叠被子、刷池子、静机子、光盘子、复椅子。

19. 五句良言："我想……可以吗""早上好，一天愉快""下班了，一天辛苦了""下学了，今天高兴吗""晚安，做个好梦"。

四、教育子女

1. 文化是中华民族的魂，教育是文化的根；教育的基础在幼教，幼教的希望在秀强。

2. 教育的本质就是为了唤醒孩子内在的智慧、幸福和爱。

3. 没有家庭教育的学校教育和没有学校教育的家庭教育，都不可能完成培养人这一极其精细和复杂的任务。

4. 人生至要，莫如教子。

5. 人生任何成功都抵不过教育孩子的失败。

6. 父母恩爱、家庭幸福是最好的家庭教育。

7. 教育孩子从小具有世界意识、中国情怀、家乡情结。

8. 家长好好学习，孩子天天向上。

9. 家长的重视程度直接决定了老师对孩子的态度。

10. 关注孩子的心理营养，身体营养缺失了，只缺一阵子；心理营养缺失了，会缺一辈子。

11. 任何行业都可以浮躁，唯有教育不能，因为教育是立家之本、强国之基。

12. 秀强三生态教育法：教学生态、环境生态、饮食生态。

13. 爱是教育的灵魂，没有爱就没有教育。

14. 家长教育是家训家风的基础、公民素质的源头、学校教育的支点、社会工作的抓手。

15. 改习性，去秉性，圆满天性。

16. 家长素质决定孩子成就。

17. 业及天下不敌妻贤子孝，长袖善舞不及教子有方。

18. 学做优秀家长、培养杰出孩子、建设最美家庭、促进社会和谐。

19. 孩子不听话，是因家长不会说话。

20. 孩子问题的本质是家长教育问题。

21. 夫妻之爱是为终身相守，子女之爱是为健康分离。

22. 父母不应把孩子当作实现自己梦想的工具。

23. 孩子需要的不是指责，而是有效的帮助。

24. 你只顾口袋，必误孩子脑袋；今天用你口袋顾了孩子脑袋，明天孩子用脑袋鼓起你口袋。

25. 真教育是用生命感动生命，以行动带动行动。

26. 教育有两个伟大目的，不仅要使人聪慧，更要使人高尚。

27. 大树原理：家长教育是根，家庭教育是干，学校教育是枝，社会教育是叶，孩子是果。只有根深、干粗、枝繁、叶茂，果才硕。

28. 教育原则：不争对错，只找问题；不比高低，只谈适合。

29. 多夸奖孩子后天的努力和品德，少夸奖孩子先天的相貌与成绩。

30. 少说教，多关爱；少指责，多包容。

附录 2　科技和文化双轮驱动

一、秀强创业故事

说起秀强股份,首先要讲起公司的创始人和灵魂人物——卢秀强。与卢秀强共事商讨决策的公司高管说,他睿智、有远见,能把握每一次行业变革的大势;负责执行公司战略方针的中层员工说,他像一位大家长,慈爱包容,指引他们正确前行;作为公司基石的基层员工说,他根本不像一位大老板,穿着工装在人群中很不起眼。

日本经营之神松下幸之助说:"企业即人。"秀强股份的发展史,深深烙刻着卢秀强独特的人生轨迹。

卢秀强的故事要从 20 世纪 90 年代开始说起。

20 世纪 90 年代,改革开放的浪潮席卷了大江南北,"下海"经商浪潮全面铺开。很多嗅觉灵敏的知识分子纷纷下海经商,这也成为当时中国的创业新常态。渴望改变命运的卢秀强,感知到这是百年一遇的机遇,毅然投身于这轮创业浪潮中。

1992 年,卢秀强借钱在宿迁城区办起了一家玻璃门窗装潢门市部,开启了他人生的创业之路。

卢秀强之所以选择玻璃产业,源于他曾经在宿迁玻璃厂的工作经历。3 年艰苦的打工生涯并没有让他摆脱贫困的生活,但让他看到了中国玻璃产业的落后，激发了他做大做强中国玻璃产业、做最好玻璃制品的决心。也是从那一刻开始，卢秀强与玻璃产业终身结缘。

"创业"是时下中国最时髦的一个词，却是苦劳心志、风险最大的工作。卢秀强的创业是白手起家，意味着他没有投资人作为支援后盾，更没有引路人可以借鉴的经验。

创业之初的艰难，让卢秀强至今说来仍然感慨万千。无数个白天，他迎着风吹日晒，骑着自行车满城开拓业务；多少个夜晚，当很多人都享受着甜美睡梦之时，他还在加班加点地对玻璃进行切割加工，为的就是按时给客户交付订单。每天18个小时的工作强度，一干就是一整年，这一年，他以勤劳和智慧赚取了人生第一桶金。

手工作坊式的生产商是无法应对大规模需求的。意识到这一点，卢秀强用自己所有的积蓄购买了一台空气压缩机，希望以此提高工作效率，做大业务规模。

凭借真诚的态度，卢秀强争取到了他的第一个大客户——美菱冰箱厂。他负责对冰箱专用玻璃进行打磨，如果这笔业务稳定发展，他就有机会摆脱小作坊的困境。然而就在他踌躇满志的时候，倒霉的事情接踵而至。

屋漏偏逢连夜雨。首先是他动用所有资金购买的空气压缩机爆炸了，仿佛将他美好的梦想也炸裂，让他心疼不已；其次，他送往美菱冰箱厂的玻璃产品因技术落后、经验不足，品质较差，被客户毫不留情地退货。

祸不单行的打击，打碎了卢秀强的满心希望，也让他一夜之间落到一贫如洗的困境，还欠下3000元的债务。

这一次，卢秀强面临人生十字路口的重大抉择，继续坚持还是后退一步，这是一个问题。

孟子曰："故天将降大任于是人也，必先苦其心志，劳其筋骨，饿其体肤，空乏其身，行拂乱其所为，所以动心忍性，曾益其所不能。"这句话用在当时的卢秀强身上，恰当而精确。对于创业之初的卢秀强来说，重重困境，他走的每一步都如履薄冰、战战兢兢。

迫于现实压力，卢秀强收拾行囊，跟随着南下创业的大军来到了深圳。"东西南北中，发财到广东。"这是20世纪90年代非常流行的一句话，也是当时中国南下创新创业潮的真实写照，深深吸引了全国各地的年轻拓荒者。

卢秀强满怀激情地踏上了深圳这片热土，他对这里的创业氛围印象深刻。这座年轻的城市，尽管百废待兴，但各种各样的创业公司，无一例外都显示出蓬勃的生机。

行走在深圳的街头巷尾，明显感觉这座城市的节奏很快，弥漫着创造、欲望和梦想的气味。卢秀强也明白，没有谁会一直屹立在潮头，稍不注意就会落后，这个时候只能奋起直追。

卢秀强在深圳一边打工，一边留意玻璃产业的发展趋势。在接触到各种多元的资讯以及各种新型玻璃产品后，他认为当时整个玻璃产业正处在野蛮生长的时代，市场格局还没有形成，如果做得好很有可能是个机会。

回家后，卢秀强卧床一夜未眠，思前想后整理其中逻辑：什么是玻璃产业未来发展的新风向？卢秀强开始认真思考这个从未触及的问题。他渐渐了解到，新型玻璃的创新和突破，拓宽了传统玻璃的应用领域或开辟了新的应用领域。简言之，它将是未来玻璃产业的新趋势。

在深圳的那段时间，卢秀强见识到了各种成功和失败的创业公司。有人在简陋的农机仓库开辟工厂，短短一年就把公司做大做强。但也不乏方便面吃到吐的创业者，屡屡失败、转型、倒闭、合伙人背叛、倾家荡产乃至银铛入狱的残酷境遇。

"他山之石，可以攻玉。"卢秀强反思自己之前的创业实践，自己开一个小铺子做一点小生意。当个体户虽然可解决温饱问题，但是无法做大事业，他必须按现代公司的运营模式去创业。从头再来，继续从事玻璃事业的念头越发坚定。

闯荡深圳的历程，让卢秀强开阔了眼界，也让他逐渐觉醒。那种决绝辞职下海的创业经验，天生敢冒风险又注重实际结果的精神，正是他在数年之后仍不会褪色的荣誉和宝藏。

荀子曰："锲而不舍，金石可镂。"创业同样如此，对于不屈不挠的人来说，没有失败这回事，不达成目标绝不轻言放弃。成功的必然之路就是不断地重来。

唯一的力量就是坚持。1994年，卢秀强返回宿迁，重启了他最钟爱的玻璃事业。卢秀强是一个极具坚韧意志的创业者，既然他已经踏上这条道路，那么任何东西都无法阻止他沿着这条路走下去。

卢秀强重拾玻璃事业，再次创业是他深思熟虑的结果。这个时候，他逐渐意识到传统玻璃行业是一个稳定的市场，一家初创的玻璃公司，很难在巨头的重重围剿之下冲出一条血路。

之前创业失败的经历，给卢秀强最大感触就是，创业一定要瞄准未来，瞄准一个可能会发展起来的，看上去也许不成熟的市场。这是一个痛定思痛后的决定，但事实上改变了秀强股份的格局，也改变了卢秀强自己的人生格局。

瞄准未来，瞄准一个目标，说起来容易，做起来很难。找到公司的独特定位才是崛起的关键。凭借多年的行业经验以及对玻璃产业的洞察力，卢秀强决定把冰箱玻璃作为切入点。

卢秀强不敢有丝毫犹豫，他决心全力以赴做这个产品，把他能够动用的资源全都投进去。

在别人的阵地上完成超越，创新是唯一的选择。卢秀强在观察了科龙、海尔等十几种品牌的冰箱玻璃尺寸、款式和质量后，认为只要做到大胆创新和工艺改进，一定比别人做得好。这个时代发展太快了，创新的浪潮一波一波地在变化，一个浪潮打过来，如果还在原地踏步，前面的企业很快就会被巨浪推倒。所以，创业就要不断地变革，力图创新。

定好战略意图之后，卢秀强展现了强大的执行力以及完成预定目标的实际操作能力。卢秀强首先从冰箱厂的需求出发，寻求一切可能的合作机会。这就要求在业务上，尤其在产品上的思路要有更多的创新和完美融合，对客户需求的充分理解也是应对不同产品差异的制胜法宝。在卢秀强看来，客户需求始终是核心，毕竟自己推出的所有产品策略都是由客户需求来决定的。一定要读懂客户的需求，客户需要什么，客户对玻璃产品的反馈是什么，决定着双方合作的成败。

大胆改进产品工艺，才能赢得客户的信赖和尊重。卢秀强做产品讲究"工匠精神"，行业的变化超出大多数人的认知，只有大胆改进玻璃工艺，实现对固有传统玻璃产品的超越，才能获得客户的认可。卢秀强聘请专业人员设计产品图纸，严格按照图纸精细化生产，当他拿到新款冰箱玻璃样品之后，他为自己能做出这样的产品而激动。

卢秀强把新款冰箱玻璃样品寄给多家品牌厂商。由于卢秀强所生产的冰箱玻璃款式新颖、质量上乘、性价比高，受到多家冰箱厂的一致称赞，很快他获得了将近20万元的订货合同，自此实现了从个人客户到企业客户的升级。

成功来之不易，因此他更珍惜这个机遇。卢秀强挥着合同冲进家门，对着相濡以沫的妻子说道："我成功了……"夫妻俩眼中充满泪水。

一扇门关上了，另一扇门却为他同时打开了。想想几年前的破产经历，再到以创新的产品敲开了一家家中国知名家电企业的合作大门。卢秀强永不言弃的精神，以及对玻璃事业的执着追求，使他一次次地超越自我，实现蜕变。而这也是一个真正的企业家所面对的常态。

信任与口碑能够支持一个人走得更远。卢秀强秉承这一条法则为人做事、创业经商，也是这一条法则让他成功地走到今天。

第二次创业的卢秀强通过努力，赢得一些重要客户的订单。然而好景不长，虽然生产规模扩大，但当时粗犷式的管理跟不上生产的步伐，导致卢秀强再次陷入了危机。

1996年，业务规模扩大，卢秀强也加大了投资力度。他购置了圆盘磨边机，进行设备升级、厂房升级。公司的产品简单的玻璃打磨转为玻璃深加工，实现了工艺的升级；开始生产钢化玻璃，满足新客户的需求，开启了与新飞、美菱、海尔等家电品牌的深度合作。

正当卢秀强以为理想照进现实的时候，现实却给他泼了一瓢冷水。就在这一年，公司第二次创业失败。公司员工把新飞冰箱Logo中的小鸟头部标识印刷反了，更可怕的是，一直到把产品送到新飞冰箱公司才发现这个错误。因为新飞冰箱的Logo事件，公司遭遇价值15万元的盖板玻璃全部退货。收不到货款，资金链断裂，让刚有起色的企业再次陷入破产的困境。

这次失败使卢秀强看到从服务一个企业客户升级到服务多个企业客户时，流程化、标准化管理的重要性，但那时，秀强股份并没有这些体系建设。面对这次惨痛的失败，卢秀强选择直面困难，企业已经不是几个人的小作坊，而是有几十个员工的现代企业，他要对几十个家庭担负起责任。

这时候能够拯救公司的就是资金了。卢秀强开始到处去筹钱，很多员工跟随卢秀强工作多年，都为卢秀强坚韧的毅力所感动，主动贡献自己的一点力量。有的员工家里非常困难，但还是凑钱递到了卢秀强的手里。大家更像一家人一样，牵手共渡难关，这份感动更加坚定了卢秀强要把企业做大做强的信念。秀强股份一直以来的家文化，其实也是在创业初期这些经历中慢慢沉淀下来的。

人品与口碑的力量是强大的。卢秀强凭借在业内的口碑及人品，获得了多方的援助，筹集到20万元资金顺利渡过了难关。

公司遇到困境，多方援助的事情发生在2000年。随着公司业务的发展和壮大，卢秀强向银行申请了200万元贷款，准备购买设备扩大生产规模。然而，最后关头，贷款受阻，公司资金链面临断裂。这一次，公司领导干部、基层员工，还有生意伙伴都纷纷伸出援手解囊相助，在短短三天时间里凑齐了200万元，帮助公司顺利渡过了难关。毫无疑问，这件事情之所以能顺利解决，凭借的依然是卢秀强多年的口碑和人品的积淀。

在风云诡谲的市场，事业的发展与进步也许有千万种。但在危难之中，仍可以让人为之慷慨解囊的，也许只有日积月累的人品与口碑了。

2005年，秀强股份遭遇了"黑天鹅"事件，即轰动一时的"科龙冰箱事件"。这个意外对秀强股份产生了重大影响，也给卢秀强带来他创业路上第三次致命打击。

这个世界上唯一不变的就是变化。秀强股份研发出彩晶玻璃，在公司的发展规划里，希望借这款产品实现业务突飞猛进。但这次"黑天鹅"事件让秀强股份措手不及。

秀强股份作为科龙的上游供应商之一，当时还被拖欠着1200万元货款，这个数字对于当时的秀强股份来说，几乎是全部家当。如果无法收款，秀强股份的资金链将全面断裂，只能关门倒闭，而且还要负债。

"黑天鹅"事件来临的时候，不同的事物会呈现不同的形态：脆弱者不堪一击，坚强者正视现实。当卢秀强听到"科龙冰箱事件"的消息时，他心急如焚，在匆忙中意外扭伤了脚骨，必须打石膏，住院。受伤后的这2个月里，卢秀强突发了5次心脏病，头发也一天天变白。

疾病与意外，阻止不了他拯救企业的决心。为了不让上千万的货款打水漂，也为了不辜负员工的期待，卢秀强不顾自身状况，挂着双拐就直接到了广东顺德，想要找到解决的办法。

永远愿意做坚持到最后的那个人。卢秀强来到科龙集团，看到很多厂房都人去楼空。他不愿意放弃，几经辗转，终于联系到相识的一位副总级的领导。这个副总看到卢秀强不达目的誓不罢休的劲头，只好说："你是真不容易，可是我已经没有权限让财务给你付款了，只是在辽宁营口还有一家科龙的冰箱厂，位置太偏远，还没有被其他公司接管，我给你批一个3000台冰箱的条子，但是你去了之后，这个批条人家认不认或者其他公司比你先一步接管了，这些我都没法保证。"

拿着一张纸条，卢秀强就像拿到了救命稻草一样，当晚直飞辽宁营口。他把批条交给了厂领导，好在这家工厂还没有被其他公司接管，卢秀强最终拿到了 3000 台冰箱冲抵货款，挽回 900 多万元的损失，再次将企业从倒闭的边缘拉了回来。

卢秀强为公司的付出不亚于任何人。他在受伤的情况下，很多人认为无法要到货款的情况下，还是挂着双拐，来到了广东。哪怕只有 1% 的希望，也要用 100% 的努力去完成。卢秀强不仅是这么说的，更是这么做的，这就是企业家精神，不到最后一秒钟绝不放弃！

二、秀强的科技创新

秀强的发展史，就是一部创新史。

1. 从追赶到领先

卢秀强作为公司创始人，凭借将民族玻璃工业做大做强的愿望和执着追求的精神，在技术创新的道路上奋发图强，带领团队艰苦努力，研发出我国第一块冰箱彩晶玻璃，将秀强股份发展成我国家电玻璃领域的龙头。

秀强股份过去 30 年的成功，是基于客户需求的技术、产品和解决方案创新的成功。秀强股份从小到大、从大到强、从追赶到领先、从稳国内市场到开拓国际市场的过程，就是基于创新研发的成功。

2. 遵循全球主流标准，参与国际竞争

日本制造业形成了独特且通用的质量标准体系，其特征就是：内部标准不仅高于行业标准，甚至高于客户需求。对于秀强股份来说，要想进军质量要求最严苛的日本市场，自己的玻璃产品必须遵循全球主流标准，甚至要高于客户的标准要求。只有按最高的标准做产品，才能成为

行业领先者。

秀强股份以全国领先研发力量,与顶尖竞争对手过招,才能更快进步,取得行业技术主导权。卢秀强带领的家电玻璃研发团队充分发挥自身的技术优势和资源优势,成功研发量产彩晶玻璃新产品,攻克了一道道技术难关,打破了发达国家对彩晶玻璃的垄断地位,填补了国内在这一领域的多项空白。秀强股份在家电玻璃的发展规划上,推行高端产品差异化战略,重点发展高端彩晶玻璃,在国内占据较高的市场份额。目前,秀强股份拥有发明专利29项,实用新型专利28项,其中很多专利被标准组织广泛使用。卢秀强受到国家标准化委员会邀请,成为安全玻璃、镀膜玻璃、彩晶玻璃国家标准起草人之一。

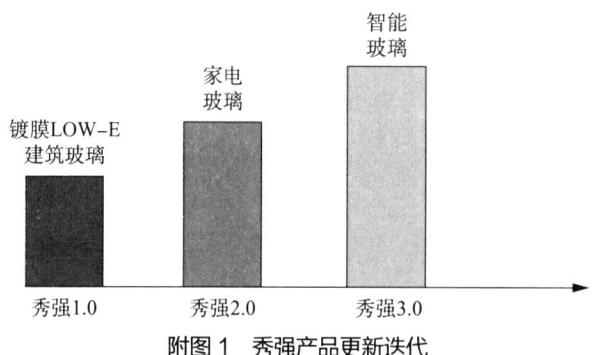

附图1 秀强产品更新迭代

3. 以客户需求为牵引

秀强股份站在客户立场,从帮助客户商业成功的角度主动创新,不仅为客户提供产品,更要为客户提供优质系统的解决方案。真正从客户战略、产品方案、产业发展等各方面与客户深度合作,牵引客户需求,共同解决行业面临的挑战和难题,实现商业成功。

以日本市场为例,为了争取日本企业客户的订单,秀强股份专门成立了一条生产线。为了提高这条生产专线的研发能力,公司以高薪资去吸引内外部的人才，集中公司最强大的力量组建新的团队。秀强付出大量的人力、物力，终于在日本白色家电玻璃市场占据一席之地。在日本市场的成功奠定了秀强股份的行业地位，秀强股份保持家电玻璃和智能玻璃的领先，持续引领行业技术的进步和发展方向，而其成功的原因就是为客户需求所做的创新。

4. 开放式创新，为合作者赋能

玻璃产业的竞争，也是产业联盟之间的竞争，而产业联盟必须是开放的、先进的。秀强股份通过开放式创新，为合作者赋能。

帮助合作客户解决困惑，满足客户需求，引领未来趋势，共同推动家电玻璃产业的框架、规范、标准的发展，从抢"蛋糕"到做大"蛋糕"，做大玻璃产业。

秀强股份的愿景是"世界玻璃科技看中国，中国玻璃科技看秀强"。这意味着秀强股份将做第一个开创者，而不是做追随者。秀强继续开放、合作，加强研发投入，与合作伙伴、相关产业一起共建未来的中国智造。

三、周边注塑，第一桶金

未来之争聚焦高端市场。为摆脱价格战，玻璃厂商必须尝试通过产品升级、技术创新等方式进军高端市场，以获取更大利润。秀强股份也不例外。

1997年，由于价格战过于惨烈，秀强股份失去了海尔公司这个大客户。在这一年，大约有5家冰箱层架玻璃的供应商齐聚海尔，为了拿到海尔公司的订单，现场开展了激烈的价格战，价格从94元/平方米一路降到了33元/平方米，如果加上运输费用，即使拿下订单，做出来的产品也是赔钱的，而且做得越多赔得越多。秀强股份无力打价格战，只能主动放弃了与海尔的业务合作，失去了一个重要的客户。

公司要有稳定的客户和业务收入，才能维持生存。卢秀强既当管理者，又当业务员，他拿着样品到全国各地去推广，只希望能够多拿几单生意，保障员工的收入。

但当时，秀强股份主营钢化玻璃，钢化玻璃的技术含量较低，而且同质化严重，产品根本没有竞争力。秀强股份一直给广东科龙送样品，但是由于产品不合格，总是无法拿到订单。

卢秀强亲自去拜访了科龙冰箱开发部的负责人，这个负责人直截了当地说："你不要再给我们送玻璃了，你竞争不过我们本地的厂家，光运费这一项，你的成本就高出来很多。但是我想给你看一下德国产的冰箱层架玻璃，德国人生产的这个玻璃外面包着一整套塑料边，既美观又安全，国内没有。如果你们能生产出这种注塑玻璃，就肯定会有合作空间。"

1998年，秀强股份已经处于半停产状态，如果不做出大的产品升级和产业变革，公司将面临全面停产，甚至破产倒闭。秀强要想做大做强，持续经营，这个局怎么破？唯有创新。秀强股份也是从这一年开始了创新之路。这次创新彻底改变了秀强股份的命运。

注塑玻璃这项技术在国内没有可以参考、学习的地方，甚至这种玻璃是什么样子，很多员工都没见过。

路是从荒地上开拓出来的。既然德国人能够创造注塑玻璃，中国企业也能够创造出来。

卢秀强为了拿到科龙公司的订单，决定背水一战。他到东莞采购了四台给运动鞋鞋底注塑的立式注塑机，总共花费了100万元。当时秀强股份正处于困境，这笔资金已属于巨大开支。但从产品工艺升级的角度来说，这笔投资是值得的。

功夫不负有心人。虽然买回来的机器匹配度较低，塑料边还没包好，玻璃就碎了，但经过反复试验后，终于可以成功给玻璃包边了，中国的第一块周边注塑玻璃在秀强诞生了。这对于秀强股份来说如虎添翼。

秀强股份研发出了周边注塑技术,实现了量产。公司在无路可走的情况下,用创新来破局,也因此占领了全国冰箱层架玻璃的高端市场,企业规模迅速增大。

创新带来了丰厚回报。2001年江苏秀强玻璃工艺有限公司正式成立,2002年公司营收就突破2000万元。秀强股份感受到了创新给企业带来的生机,更看到了创新对一家企业的重要性。从此开始,秀强股份更加聚焦专注一个行业,开始注重研发,注重创新。简言之,秀强的发展史,就是一部创新史。

四、彩晶玻璃,秀强腾飞

秀强的第二次创新是在2003年。

秀强研发出注塑玻璃,产品非常畅销,短时间内在国内市场占据优势地位,但很多竞争对手开始实施模仿策略。为了向秀强股份模仿学习,这些竞争对手企业使出浑身解数,还购买秀强的产品回去研究、仿造。很快,注塑玻璃就遍地开花了。

技术垄断代表着定价权,这样就可以控制最合适的价格,谋求最大的销售量和最大的利润平衡。但当技术不具备垄断性时,企业之间为了争订单、争客户,就开始不断降价,再次进入打价格战的恶性循环之中。

秀强股份虽然申请了玻璃产品周边注塑技术的专利,也成立了维权小组,全国各地去进行反侵权工作,但是效果不尽如人意。秀强股份想要跳出这片红海,不打价格战,就必须要找到新的技术突破点。

彼得·德鲁克在《创新与企业家精神》中说:"创新的机会常常是妙手偶得。"秀强股份也只在偶然中寻找到了创新点。

2003年,卢秀强在海尔公司考察,看到了一块彩色的、亮晶晶的玻璃,非常惊艳。一打听,才知道这种未曾谋面的玻璃叫彩晶玻璃,专用于冰箱门上，当时全球只有韩国的三星和LG具备生产彩晶玻璃的技术。

物以稀为贵。技术的稀有导致彩晶玻璃产品价格水涨船高，达到500~800元/平方米，远超市面上流行的注塑玻璃。

商人的嗅觉是非常灵敏的。卢秀强看到了彩晶玻璃的商业价值，也认为彩晶玻璃将成为一个潮流。他判断彩晶玻璃这么高的价格，海尔公司都愿意合作采购，如果国内企业率先把这项技术研发成功，必定会为企业带来新的增长点。

够拼才有活路，有危机感才有创新。像第一次创新一样，这一次，秀强股份也只能"摸着石头过河"。国内没有彩晶玻璃可供参考、研究和学习，但这阻碍不了秀强攻坚创新的决心和意志。卢秀强了解到彩晶玻璃之所以能够印刷各种鲜艳的图案，其核心技术是印刷的油墨。

这种独特的油墨，在国内没有厂家能够生产，卢秀强只能通过各种关系从韩国订购。经过几个月艰苦研发、不断试错，最后终于试验成功，中国的第一块用于冰箱面板的彩晶玻璃在秀强诞生。

创新才能带来企业的成功。彩晶玻璃能够量产之后，卢秀强定了一个富有竞争力的价格——200元/平方米，打败了竞争对手，成功拿到了海尔的订单。彩晶玻璃研制成功，成为秀强股份发展的转折点，自此，秀强股份开启了与全球各大著名家电厂商的合作，公司进入飞跃发展阶段。

面对新的困局时，"世界玻璃科技看中国，中国玻璃科技看秀强"的愿景已经在卢秀强的心中发芽生根。这个愿景指引着卢秀强，哪怕付出再多辛苦、再大的代价，都必须要向前突破，更加聚焦行业、聚焦客户，继续用创新去破局。

与其盯着竞争对手，不如关注客户需求。正是因为这个关键点，卢秀强的市场敏锐度始终比别人领先半步；也正是这个关键点，让秀强股份直到现在仍处于行业领先地位。

五、光伏玻璃，成功上市

2006年以来，传统玻璃在太阳能领域的应用前景被越来越多人看好。看准这一契机，秀强股份开始踏入太阳能玻璃新领域，进行产品研发。

秀强玻璃已就"用等离子体轰击制备绒面氧化锌透明导电镀膜玻璃的方法""一体化连续生产氧化锌绒面透明导电镀膜玻璃生产线""等离子体轰击制备绒面氧化锌透明导电镀膜玻璃的装置""一种制备绒面氧化锌透明导电镀膜玻璃的方法"等关键技术申请国家发明专利，太阳能TCO导电膜玻璃的试产样品检测达标。

2009年10月，公司投产的增透晶体硅太阳能电池封装玻璃已获得下游太阳能电池厂商的认证，现已具备了191万平方米的年生产能力。2010年1月至6月，实现销售2079万元。秀强玻璃拥有自身的技术优势和增透晶体硅太阳能电池封装玻璃产业化的经验，且已为此项目储备了成熟的生产工艺技术，并对项目选址、工艺技术方案、设备选型、原材料供应和外部配套、工程实施等进行过缜密分析和可行性研究。太阳能玻璃是公司目前重点发展的领域，公司用于晶体硅太阳能电池的增透封装玻璃已经形成规模生产能力，同时，拟通过募集资金重点建设的薄膜太阳能电池用TCO导电膜玻璃项目也已完成一条生产线的安装和试生产。太阳能玻璃行业是公司新涉足的领域，未来的发展空间值得期待。

公司于2011年1月13日在深圳证券交易所创业板成功上市（股票代码：300160）。

六、百花齐放，持续领先

彼得·德鲁克在《创新与企业家精神》一书中说："我们需要的是一

个企业家社会。在这个社会中，创新和企业家精神是一种平常、稳定和持续的活动。创新和企业家精神应该成为我们社会、经济和组织维持生命活力的主要活动。"

创新成为公司发展第一动力。秀强股份的创新，主要是建立在对市场规律和玻璃行业发展前景正确把握的基础上，体现为敢于突破现状，敢为人先，敢于挑战未来。

1. 研发投入保障持续的技术领先

对于玻璃深加工企业来说，技术是关键。掌握核心技术就等于掌握了话语权。但技术创新背后是持续的研发投入，秀强股份在研发领域的投资不惜成本，不仅投资于现在，也投资于未来。秀强股份的核心技术在行业内几乎没有竞争对手。今天看到的秀强股份的技术进步，都是在长期的研发投入、厚积薄发中取得的成果。秀强股份的家电玻璃和智能玻璃畅销国内外市场，我们看到的是精致的产品，而冰山之下的核心技术才是产品竞争力的来源。

研发投入决定科研力度。肯在研发环节大量投入的公司，在积累一段时间后都在行业内取得了优秀的成果。秀强股份常年保持将高额的研发费用投入到前沿和基础技术研究中，每年研发投入费用高达4000多万元。秀强股份拥有现代化的技术研发中心，与国内知名高校联手建有省级玻璃深加工工程研究院，形成了产学研结合的紧密合作关系，每年开发2~3种新型产品填补国内空白。研发投入和联合技术攻关，这些都保障了持续的技术领先。

2. 技术创新驱动，使秀强快速地成长、扩张

创新驱动是从创造力、技术变革和企业文化中获取发展动力。秀强股份作为一家民营企业，能够在30年内快速成长为玻璃深加工行业的领导者，主要依靠的是什么？非常重要的一点就是创新驱动。创新促使秀

强股份从一家小微的民营企业快速地成长、扩张成为中国最大的家电玻璃制造商之一。

创新是引领秀强发展的第一动力,是秀强经营体系的战略支撑,也是实现高质量发展的必由路径。秀强股份成功扩张的过程,就是在技术、产品、市场、经营管理系统等方面的创新力不断延伸、不断强化的过程。

依靠技术推动企业成长和扩张。秀强股份加强技术研发创新,努力提高技术水平和产品质量,不断开发满足客户需求的新产品,增强竞争力,实现企业扭亏为盈,推动企业不断扩张。

3. 经营创新,为企业创造新的价值

为了适应不断发展的外部环境,企业必须树立新的经营观念。经营创新是秀强股份实现发展战略的保证与手段,是统率企业一切经营活动与营销工作的灵魂。秀强经营创新,就是通过新的理念来实施新产品、新渠道、新的商业模式、新的管理方式、新的组织架构等多方面的策略来为客户和企业创造新的价值。其本质是要为客户与企业解决问题,要能够有助于提升客户企业的竞争力,扩展利润来源。

经营创新的核心价值观是"以客户为中心"。客户是财富的产生和持续扩张最根本的源泉,可以给公司持续地带来价值。秀强股份推行事业部制,践行"内部利润中心管理法",持续进行组织变革。这种经营变革只有一个聚焦点,就是围绕以客户为中心这个方向进行变革。

4. 将研发力量镶嵌在客户产业链上

技术研发是支撑企业在具有技术壁垒的行业内保持长期竞争优势的重要手段之一。秀强股份在稳固家电玻璃市场优势的基础上,继续耕耘产业链、供应链关键环节及关键领域,跟踪玻璃深加工技术发展趋势,力争在产业链条上研发新的产品,确保公司的持续发展。

5. 产业链上下游协同的研发创新模式

秀强股份研发实力雄厚，以行业发展趋势及以客户需求为导向开展研发，持续提升公司核心技术行业地位。一方面，秀强股份根据行业技术的发展趋势，开展主导性的研发，重点进行智能玻璃核心技术的研发，技术上引领行业标准；另一方面，公司在与客户的合作过程中，与客户同步沟通，深入了解客户特点，快速响应市场需求，开发贴合客户实际且符合行业趋势的新产品。

6. 与产业链头部企业建立战略合作关系

秀强股份经过30多年的经营，凭借自主研发能力、高品质的生产能力、稳定的供应体系、优异的产品品质，与海尔、海信、美的、格力、日立、松下等20多个国内外知名企业以及产业链头部企业保持长期深度合作，秀强也将研发力量镶嵌在客户产业链上。

秀强股份在研发和产业领域的布局，促成了秀强的产品走向全球，也促进了中国玻璃科技研发创新与全球的交流融合。多年来，本着双赢、尊重、互利的原则，秀强股份与国内外客户进行多样化的商业合作，包括供应链、可行性验证等。秀强股份被认定为"国家级高新技术企业""江苏省百强民营科技企业"。技术研发中心被评为省级研发中心，再一次展现了秀强股份这家全球领先玻璃深加工企业的前瞻布局。

秀强股份的理念是："不仅销售产品，而且为客户提供解决问题的方案与零距离服务。"秀强以高质量的产品和服务成为行业质量管理最佳效益标杆，通过推行事业部制，优化业务流程，提升运营效率，为客户提供高质量且快速的服务能力，已形成了完整的"一体化"服务结构，赢得了众多客户信赖。此外，公司的规模优势也使其能够更迅速地响应客户需求，在保证批量生产的同时降低生产成本。

如今，科技创新已成为秀强发展规划中的重要战略布局之一。可以预见的是，把"世界玻璃科技看中国，中国玻璃科技看秀强"作为愿景的秀强，继续将"让我们共同体验发展新技术、新材料造福人类的快乐"作为使命，成为中国玻璃产业创新发展征程中的见证者和参与者。

附录3　秀强服务客户理念：施恩和报恩

秀强与客户的关系，就是施恩和报恩的关系。客户买秀强的产品就是施恩，秀强将产品做到极致，就是报恩。秀强始终为客户着想，客户也始终想着秀强。

人与人之间，本质是施恩与报恩的关系，利他心收获利己果，在主观上、客观上都要利他，即便是当下不能做到利己，也要坚持做好利他。

秀强的成功，最重要的是，用对每一个人，用对每一个模式。

秀强的事业部制，重构了企业与员工的关系，解决了从"要我干"到"我要干"的转变；重构了企业与客户的关系，解决了"企业要以客户为中心"的问题。

秀强提出"以客户为中心"的发展观点，既要服务好内部客户（一线员工：价值创造者），又要服务好外部客户（效益提供者）。

一、我们的工资是客户给的

德鲁克大师曾提出一个观点：企业存在的唯一价值就是创造以及满足客户需求。企业为客户提供需求和创造价值，客户需求得到满足则会给予对应的报酬。而在企业中能为客户创造价值的则是企业的每一位员工，员工通过不断提升自身技能创造出更大的价值，公司通过员工创造的价值（产品或服务）获得经济效益，员工也会有对应的报酬。企业获益增多，员工薪资也会不断提高，即员工的工资是客户给的。现在大家都习惯性地认为，工资是老板发的，或者是公司发的，还有人说是财务发的，其实这些回答都是表面现象。

企业只是个平台，本身产生不了利润。一家公司，只有在员工创造的产品或者服务被顾客认可，顾客愿意花钱购买的前提下，才能产生利润，老板手里才有钱，员工才能得到工资收入，否则一切皆无。

秀强也一直秉持着这个观点，提出"以客户为中心"的发展观点，既要服务好内部客户（一线员工：价值创造者），又要服务好外部客户（效益提供者）。

二、日本市场的开拓

松下幸之助在《驰骋世界的企业家们》一书中说：开拓的勇气与韧性，才是企业发展的原动力。

受益于彩晶玻璃研制成功，秀强股份在技术实力、产品品质、经营业绩等各方面都获得了较大提升。不过，国内玻璃企业想要发展壮大，仅依靠国产替代是远远不够的，积极融合并参与国际竞争，争取进入国际先进企业供应体系，才能真正提高自身的核心竞争力，为客户提供更好的产品和技术。

基于此，2010年秀强股份开启了迈向国际市场的第一步，并选择日本市场作为其开拓国际市场的第一站。

对于玻璃产品而言，日本市场在体量上远不及中国市场，但日本市场在许多玻璃厂商的眼中却是一个优质市场。

从市场环境来看，日本客户比较讲信用，虽然在前期审厂以及供应商导入阶段会较为严格，对产品品质要求较高，但只要通过了日本客户的验证，就能有稳定的需求。日本客户对价格方面也不太敏感，已经建立合作关系的客户通常不会因为其他供应商价格更低而快速毁约。

反观国内市场，尽管需求量很大，但终端客户通常对价格较为敏感。为了快速抢占市场份额，价格成为竞争的"撒手锏"，在长期的低价竞争中，市场就会变为一片红海，企业也难以做到可持续发展。这也是倒逼秀强股份不断创新产品，避免红海竞争的原因。

秀强股份开拓日本市场，走出第一步并没有首战告捷，反而是铩羽而归。

日本日立公司定制的价值百万余元的彩晶玻璃，货物已经到达日本，但因这批玻璃产品存在"色差"问题而被全部退货，秀强员工更因为这次事件而遭遇日本人的蔑视。

其实，并不是秀强股份的彩晶玻璃质量差，这批供应给日立公司的产品完全符合中国玻璃制品的标准要求，只是和日本的检测标准有一定的差异。秀强股份按照给国内客户供货的标准，把产品运到了日本日立公司，被日立公司判定为不合格的产品。国内客户验收的标准是拿起一块玻璃，倾斜45度，在日光灯下没有黑点、没有杂质就是合格的产品；但是日本客户验收的标准是拿起一块玻璃，用放大镜检验，而且是无死角地检验，没有黑点、没有杂质，同一批产品不能有色差，并且放到水里浸泡不能褪色。

卢秀强亲自去日立公司询问对方对彩色水晶玻璃的"颜色"需求，并召回价值100万元的所有玻璃产品。这次"日立质量门"事件并没有让卢秀强对国际市场知难而退，而是更坚定了他做好中国玻璃的决心。

1. 含泪砸玻璃

2010年，卢秀强砸碎了价值100万元的玻璃制品。他希望以此真正唤醒员工对质量的高度重视，以及责任感。

卢秀强从日本拉回了这批价值100万元的玻璃制品。为了降低损失，有员工提出说可以转内销，而且大部分人都是同意这个方案。

"我们做出口业务，与公司的业务好坏无关，而是与中国产品立足世界有关。我们中国人不能被外国人看不起。因此，我们的产品必须以高质量取胜，我们必须以高质量的产品兑现我们对客户的承诺。"卢秀强从国家的角度谈到了出口产品的质量意义和出口公司的诚信价值。

在所有员工面前，卢秀强做了一个决定，带领员工一起把这批玻璃全部砸碎，不为别的，就是要让所有员工通过砸玻璃这个行为看到公司要拿下日本市场的决心，要从内真正唤醒员工对质量的追求。不能只看到眼前的这棵树，更要看到整片森林。

价值100万元的产品都被拆成了碎片，场面很悲壮。但如今看来，这种做法是正确的。这一砸，砸碎的是不严谨，铸起的却是工匠心。当员工们含泪看着卢秀强亲自带头把有缺陷的玻璃砸碎之后，内心受到的震动是可想而知的，员工对"有缺陷的产品就是废品"有了刻骨铭心的理解与记忆。中国企业面临的最大问题是质量上不去，一线员工对于不合规的产品能够顺利出厂已司空见惯。以次充好的产品也能够卖出去，这种观念根深蒂固。卢秀强砸玻璃，就是想彻底改变这种观念。

2. 组建新的团队力量，和品质死磕

日本松下电器创始人松下幸之助说："对产品质量来说，不是100分就是0分。"

很多中国企业对产品质量抱着得过且过的态度，与之形成鲜明对比的是，日本企业太追求质量上的完美了。而提供高品质材料和产品，是日本制造业参与国际市场竞争的重要手段。对于秀强股份来说，进军质量要求严苛的日本市场，就必须按照别人的规则来办事。

卢秀强砸碎了价值百万的玻璃，激起了车间一线工人的斗志和责任心。当上下目标一致、决心一样坚定的时候，剩下的就只是去寻找问题、发现问题、解决问题了。

秀强股份成立了高端产品的生产专线。为了提高这条生产专线的研发能力，公司以高薪资去吸引内外部的人才，集中公司最强大的力量组建新的团队，和品质死磕。

在技术人员的努力下，"色差"问题很快得到解决，生产出了符合日本企业检验标准的彩晶玻璃，经受住了考验。

秀强股份现在和日本家电五大巨头企业一直保持着长期稳定的合作，在日本市场的占有率达到80%。同时，秀强智造远销世界30多个国家和地区，与海尔、海信、美的、方太、日立、松下、惠而浦、伊莱克斯等多家国内外著名企业有密切的业务往来。

"世界玻璃科技看中国，中国玻璃科技看秀强"的愿景不只是卢秀强一个人的愿景，而是全公司每个人的愿景。当大家目标一致的时候，不管什么难题，都能克服；不管什么客户，势必拿下。也正是因为这个事件，公司整个组织的能力全面提升，企业管理系统全面升级，企业员工人心一致，加速了秀强上市的步伐。

三、顶尖客户带领前行

1. 与西门子的马拉松赛跑

公元前490年，波斯海军入侵希腊，结果在马拉松平原被雅典军队击溃。反侵略战争取得胜利，有一个叫菲迪皮茨的士兵飞奔回雅典城报捷。他一口气跑了42公里。任务完成后，他就倒下了。这就是马拉松比赛的起源。

有个体育教练告诉他的学员说，把马拉松比赛分成三个阶段。第一阶段用你的大脑；第二阶段用你的人格；第三阶段，用心去奔跑吧。

与世界500强客户的合作同样也是一场马拉松比赛，为了拿到西门子公司的订单，秀强股份愿意付出15年时间的努力。

德国西门子股份公司是全球电子电气工程领域的领先企业。西门子公司以出众的品质和令人信赖的可靠性、领先的技术成就、不懈的创新追求，使得其产品驰名世界。但西门子公司对供应商十分挑剔，很多供应商在严苛的质量标准下望而却步。

2004 年，秀强股份为了与西门子公司建立合作关系，一直派出专业团队去接洽。但由于各种原因，很难打开合作的大门。秀强股份没有放弃，没有知难而退，更没有抱怨对方的挑剔，而是保持着与西门子公司的联系，并不断推荐新款产品。就像在马拉松比赛中，尽管无法走在队伍的前列，但只要不放弃，就有超越的可能。

事情在 2016 年出现了转机。这一次是西门子公司主动联系秀强，原因是原先的供应商技术落后，其产品达不到西门子公司的高标准和优质服务追求。西门子公司转头一看，发现秀强股份一直在那里，而且这些年越来越强大，因此主动抛来了橄榄枝。

秀强股份用超前思维满足客户未来需求。秀强积极参与西门子公司的招标，双方也正式进入商务接洽环节。通过两年多时间的整改、优化、样品确认等工作，2019 年，秀强股份终于拿到了西门子公司的订单。这一刻，秀强整整等待了 15 年。

秀强股份一直对标更强大的对手，努力提升产品质量和性能，并在性价比上赶超对手。秀强学的是日本的标准化生产、工匠精神，比的是性价比、满足客户需求的程度。

秀强总结与西门子公司的合作历程，其成功合作的主要原因是秀强聚焦专注一个行业，只有聚焦力量才最大，聚焦战略，聚焦行业的顶尖客户并持续合作。

执着与坚定，永不放弃，不断提升自己的各项实力，尽力达到客户的标准，满足客户的需求，哪怕用 5 年、10 年时间，总会有建立合作关系的那一天。

2. 与顶尖客户合作，才能更快成长

赫尔曼·西蒙的著作《隐形冠军》中提到：如果你有一个庞大的野心，一个非常重要的步骤是怎样选择和定位自己的目标市场，这是战略当中非常重要的部分。

赫尔曼·西蒙总结了隐形冠军企业的其中一个特点：由于专业化程度高，规模小，因此它们无法获得规模经济。为了克服这个困难，它们积极开拓海外市场，让产品销售到全球。全球化带来的规模效应让公司稳占 C 位。

而要实现开拓海外市场，让产品销售到全球的目标，在市场中形成自己的专业优势和品牌影响力，就显得至关重要。这一点，秀强股份早已悟透。

秀强股份与国内外顶级客户就是这样逐步建立关系的。秀强的全球战略合作伙伴，大都是世界 500 强或者知名度极高的客户。这些客户从个人客户升级到企业客户，从国内客户扩展到日本客户、北美客户等。

主动出击，将海外客户请进门。秀强制定了开拓国外市场的战略，即秀强要跟顶尖客户合作，因为除了可以获取稳定收益，更重要的是企业可以成长。

知名企业客户对产品要求都非常苛刻，但也正是他们的苛刻推动了秀强股份的成长。国内知名企业客户对产品的更新换代要求极高，有时候几个月就要出新品。比如，为了满足海尔的要求，秀强股份安排一个有着几百人的团队去服务海尔，不光提供产品，还和客户一起研发，进驻到对方的生产线上，有任何问题都是第一时间反馈解决，提供及时高效的服务。

日本客户对外观、品质要求苛刻，北美客户对产品性能要求极高。也正因如此，秀强股份在产品的各个领域才能够不断成长与突破，为企业实力打下了扎实的基础。

正因为服务了这么多的全球顶尖客户，秀强在管理上不仅匹配了民营企业的自身特点，还汲取了世界最先进的管理理念。世界500强企业的先进管理方式，做事情的方式方法，甚至是思考问题的方式，都给秀强股份带来了极大的触动和帮助，也因此沉淀出一套秀强独有的科学管理方法。

四、"大篷车"走进客户

秀强股份内部营销理念有两项核心内容：第一项，一个质朴的思想：利他＝利己；第二项，一个决胜意识：前瞻。

秀强股份的"大篷车"营销，也叫前瞻营销，是一种前瞻性的营销策略，旨在通过深入市场、了解客户需求和趋势，制定相应的营销策略和计划，以实现企业的竞争优势和可持续发展。

2B企业要有前瞻意识，即研发要前瞻，营销要前瞻。"大篷车"项目体现了秀强股份以客户为中心的核心思想：对内，创新成为公司发展第一动力；对外，将研发力量镶嵌在客户产业链上。将客户更加紧密地与秀强的产品及解决方案联系起来，也是一种营销领域的创新。

承载成长与理念。"大篷车"就是舞台，通过"大篷车"营销，更加突出了秀强股份的内在精神。这种精神是什么呢？就是永不屈服、永不放弃、野蛮生长，要锐意创新，坚持梦想。这种精神更多地强调了"秀强人"所具有的无畏生长精神。

承载信任与提高。秀强股份凭借自身研发优势，推出融合自主创新成果的产品，这是秀强的核心竞争力，也是"秀强人"引以为傲的理由。在营销方面，秀强的思路也愈加开阔，"大篷车"的营销形式前无古人。首先在精神和文化层面，其次在成长和提高的层面，相互吸收对方的优点，彼此受益。

承载自信与文化。对于秀强而言，"大篷车"不仅是一个流动的展台，更是其承载自信和文化的移动平台。首先，表明秀强开放、创新的文化。其次，表达自信，这种信心来源于秀强全体员工的努力和支持。

"大篷车"营销，阐述了秀强旨在引领世界白色家电潮流的雄心，展现了"秀强人"积极向上、创新进取的形象。"山不过来，我过去。"秀强语录里的这句话非常生动地说明了这一点。

附录4 秀强之歌

秀强之歌

集体填词

咱秀强的人，有啥不一样，
咱秀强的人，就是不一样，
只因为我们都怀着创业的愿望；
脚踏着坚实大地，胸怀像大海洋；
咱秀强的人，有啥不一样，
咱秀强的人，就是不一样，
自从来到秀强，就形成了共同理想，
打造一流企业，树立品牌形象。
说不一样，其实也一样，
说不一样，其实也一样，
创业历尽磨难，忠诚执着信仰，
振兴民族工业，实现玻璃城梦想。
说不一样，其实也一样，
说不一样，其实也一样，
悠悠千年楚文化，哺育我们成长。
海纳百川聚才，回报社会与家乡。
咱秀强的人，就是这个样。